JN130574

未来を創る
「プロジェクト学習」
の
デザイン
美馬のゆり 編著

FUN Press

刊行にあたって

公立はこだて未来大学出版会 FUN Press は，公立はこだて未来大学からの出版として，オープンな学舎にふさわしい外の世界に開かれた研究・教育・社会貢献の活動成果を発信してゆきます．またシステム情報科学を専門とする大学として，未来を先取りする新しい出版技術を積極的に活用します．
シンボルマークは，ユニークな知をコレクションし，「知のブックエンド」に挟んで形にしていくという，出版会の理念を表現しています．

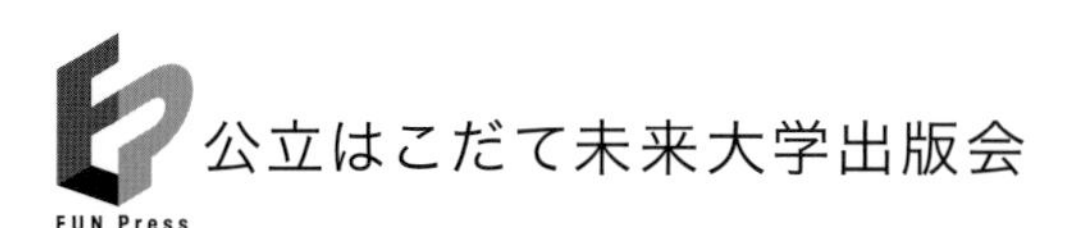

アート・ディレクション　原田 泰（公立はこだて未来大学）
編集協力　近代科学社，鈴木せいら

はじめに

急速に少子高齢社会に向かう日本で、高等教育のあり方が問われています。そのなかで「プロジェクト学習」という教育・学習方法が注目されるようになってきました。プロジェクト型学習（Project Based Learning：PBL）と呼ばれることもあります。私たちは十数年にわたりプロジェクト学習を実践し、その効果を実感しています。実践の場となったのは、2000 年に開学した情報系の単科大学である公立はこだて未来大学（以下、未来大）です。

本書は、私たちが 17 年間の試行錯誤の中で蓄積してきた、プロジェクト学習実施のためのノウハウやデザイン原則についてまとめたものです。できるだけ多くの方々とそれらを共有したいと思い、他の分野の大学でも参考になるよう心がけ、編集しました。

私たちは 1996 年に始まった開学計画策定の初期段階から、新しい教育方法として、プロジェクト学習を実施することを考えていました。それは 20 年先の未来を考えたときに、従来の教育方法では学べないものがあると考えたからです。大学設置認可申請の段階で、プロジェクト学習を 3 年生通年の必修科目として、カリキュラムに組み込みました。

3 年生の科目なので、実際に始まったのは 2002 年からです。当時は、プロジェクト学習という言葉はほとんど知られておらず、参考となる高等教育の事例も国内には見あたりませんでした。そのような状況の中、私たちは日々議論し、今日まで試行錯誤を重ねてきました。今では、学生たちにとって学部教育 4 年間の中で、他の科目にはないスタイルの、重要な学習機会になっています。

本書をまとめるにあたり、学内で毎年改良され、ノウハウがぎっしりと詰まったプロジェクト学習実施のための学内ウェブサイトを詳細に検討し、また、複数の教員にインタビューを実施しました。その中で見えてきたのが、教員たちの学生に対する視線、接し方の特徴です。また、教員たちの言葉の中からは、教育に対する共通する考え方があることがうかがえます。通常の講義に比べ、学生と接する時間は長くて大変ですが、一方でそれを楽しんでいるようにも見えます。

これらの資料を集める中で、編著者たちはその面白さ、そして奥深さに気づき、それを多くの方々と共有するために、本としてどのように編んでいけばよいか、2年ほど悩んできました。最終的に以下のようになりました。

第1章では、プロジェクト学習という教育・学習方法が生まれてきた背景とその意義、根底にある学習理論について解説します。第2章では、未来大を事例として、プロジェクト学習の1年間の流れを紹介します。第3章では、プロジェクトの事例を複数紹介します。未来大は情報系の大学なので、システム開発などの例がありますが、その部分については、それぞれ読者のみなさんの分野だったら何ができるかを考えながら、置き換えて読んでみてください。

第4章と第5章では、実際にプロジェクト学習を始め、運営していく際に必要なノウハウを紹介します。第4章では、プロジェクト学習をデザインする際のチーム編成や空間、設備、予算、実施のためのガイドラインを具体的に示します。第5章では、教員の役割について説明します。第6章では、プロジェクト学習の社会的応用について考えます。

私たちのプロジェクト学習は、企画開始から20年という年月が流れました。そのなかで多くの仲間と出会い、さまざまな障害を乗り越え、苦楽を共にして、今ここにいます。同僚というよりは、友人、同志のような仲間たちがあって、未来大の実践共同体ができあがっています。本書によって、このような実践共同体が少しずつ形を変えながらいろいろな地域でできあがり、日本の未来を創る「プロジェクト学習」として、大きなうねりとなっていくことを願っています。

2018年6月

編著者を代表して　美馬のゆり

目次

第1章

プロジェクト学習とは何か

この章では、プロジェクト学習が生まれてきた背景、その根底に流れる思想、考え方について紹介します。学習への新しいアプローチとしてプロジェクト学習を考え、プロジェクト学習に関する誤解についても説明していきます。

1.1 誕生の背景

プロジェクト学習が生まれてきた背景には、二つの大きな流れが存在します。それは科学技術、その中でも特にデジタル技術の発達による社会の急速な変化と、教育から学習への転換です。この二つは相互に関係していますが、まずは二つの流れをそれぞれ見ていきましょう。

1.1.1 社会の急速な変化と課題

まずは社会的背景に注目してみましょう。20 世紀の科学技術は、私たちの暮らしに大きな恩恵をもたらしました。電気やガスのエネルギー、自動車や電車、飛行機の移動手段、衣料や食料、健康や福祉などの医療、コンピュータやインターネットの情報処理・通信手段などです。特に 1970 年代以降、社会、特に製造・流通・金融・情報の分野において、グローバル化、ネットワーク化、デジタル化により、業務の内容や形態が変化し、その対応が求められてきました。

日本の社会の中では、このことと相まってさまざまな課題が生じています。少子高齢、大都市集中、そしてそこからさまざまな格差が生まれています。それらの課題解決に向け、地方創生、男女共同参画、産学連携、文理融合、グローバル人材、イノベーション人材の育成の必要性が叫ばれています。さらに、世界に目を向ければ、地球温暖化や人口増加、それに伴う水、食料、エネルギーの不足など、複雑で見慣れない不定形の課題が出現しています。

1
2
3
4
5
6

1.1.2 世界各国の教育改革での共通課題

社会が急速に変化する中で、その変化に対応できる人材を育成するため、これまでの教育のあり方を改革する必要性が出てきました。世界各国における共通の課題の一つが、学習についての考え方を変えるという学習の改革です。20 世紀に行われていた、安定した知識を安定した方法で伝達する教育が終焉を迎え、知識を伝達する教育からいかに脱却していくかが課題となってきました。学習観と知識観、すなわち、学習とはそもそもどういうことなのか、知識はどういうものなのかという、学習や知識の問い直し、そしてそのことへの認識の変化が生まれてきたのです。

1.1.3 学習の改革に関する三つの視点

「世界各国の教育改革で共通している課題は学習の改革である」と、教育学者の佐藤学がその著書『教育方法学』[1] で述べています。学習の画一的で受動的で個人主義的な傾向が否定され、21 世紀の教育の基本的方向性として、学習の自律的で活動的で、共同的な性格が強調されています。また、学習の改革として以下の 3 点を挙げています。

1 点目は、大量の知識を効率的に伝達する産業主義モデルの学校教育からの脱皮が必要だということです。旧来の「基礎学力」の観念や「教科」の枠組みが大きく揺らいできています。教科の枠組みとは、たとえば物理、化学、生物、地学などの科目があり、各科目が独立して教えられてきました。現代社会においては、このような従来の枠組みではなく、数理科学、生命科学、物質科学、宇宙・地球・環境科学のような新たな枠組みが必要だと言われています[2]。従来の分野の中だけでは扱えない複雑な問題が出現し、教科の枠組みが大きく揺らいでいるのです。

２点目は生涯学習の出現です。生涯学習社会（学校化された社会）が出現し、学校教育は所与の知識の伝達から、生涯にわたる学習者の形成へと転換が求められています。医療技術の進歩と食料の安定的供給により平均寿命が延び、人生100年と言われるようになりました。今まで定年とされていた60歳以降も働き続け、社会へ貢献することが求められるようになっています。そのためには新たなことを生涯学び続ける必要も出てきました。このような社会において、学校教育に求められる中心的な機能が、従来の教科書に書かれた知識を伝達する教育から、生涯にわたって何を学んでいくのか、その学ぶ方法、学ぶ力を含めて、生涯学習者となるよう学校教育で形成していくことへと変化してきたのです。

最後は、学習の心理学における変化です。学習に関わる心理学にパラダイム転換が起こり、行動主義から社会的構成主義へと転換してきました。学習は、個人の頭の中で起こるものでも、トレーニングや繰返しによって記憶させるものでもなく、社会的相互インタラクション、すなわち、他者との議論や環境との相互作用の中で知識が構成されていくという考え方です。言葉を媒介としつつ、他者や道具（メディア）を利用しながら社会的過程のなかで意味を構築していく過程としてとらえるのです。人は生活する中で、対象と自分自身、未知の世界と既知の世界、知識と知識の間の意味の関係を構成していきます。この関係の構成という認知的、文化的実践を意図的、計画的、組織的に遂行するのが学校という場であるのです。

1.2 学習への新しいアプローチ

どのように授業を行うのか、授業の方法を考えるとき、主に二つのやり方が考えられます。一つは、知識や技能を伝達することを基本とするやり方です。もう一つは、知識や技能の伝達ではなく、対話を通して、自らの知識や経験、他者の知識や経験を吟味しつつ、探求の方法やそれに向かう思考の態度を形作っていくことを基本とするものです。プロジェクト学習の源流である後者について見ていきましょう。

1.2.1 学習者中心主義へ

後者の方式は、20 世紀初頭の米国における進歩主義教育として、哲学者で教育学者でもあるジョン・デューイ（John Dewey）とその周辺の人々によって、広まっていきました。子ども中心主義、学習者中心主義とも言われています。言葉だけを見ると、子どもを好き勝手にさせる自由放任のように思われがちですが、そうではありません。ここで重要なのは、授業やカリキュラムを設計していく際の、「教える」ことから「学ぶ」ことへ焦点を移動させることです。「いかに教えるか」ではなく、「いかに学ぶか」という学ぶ側の視点で考えることです。

「教える」という行為と「学ぶ」という行為は異なるということを改めて考える必要があります。「教える」ということが「学ぶ」ということにすぐには結びつかない、別の事象であると認識することです。「教えたから学ぶはずである」、「教えたのだから学ぶに違いない」ということは成り立ちません。逆に考えれば「教えなくても学ぶことはある」、「教えても学ばないこともある」という事象も存在します。

日本においても後者の方式の流れを受け、経験によって学ぶ「経験学習」や体験によって学ぶ「体験学習」、世の中にある問題をみつけ解決していく「問題解決学習」などの重要性が叫ばれ、実践されるようになりました。今まで行ってきた教科別に知識を順に積み上げげて学んでいくという学習の形式に対して、これらの経験学習、体験学習、問題解決学習などと呼ばれるものが出現したのです。

学習者中心の流れに対し、その反動も起こりました。体験や経験だけでは基礎的な力が身につかない、として従来の系統的な学習に戻る動きです。日本においても、総合的な学習の時間がいわゆる「ゆとり教育」の失敗だとして、広がりを見せるどころか、個人の補習の時間に当てられることも出てきました。歴史の中で見てみると、上述の二つのやり方は、それぞれの時代、社会的背景によって変わってきました。基礎的知識が重要、経験が重要、訓練が重要、自主性が重要など、振り子のように右左に振れつつ現在に至っています。日本においても詰込み型から、ゆとり学習、総合的な学習の時間から、また、基礎力の重視へという具合です。

このような教育方法の変化の流れの中で、プロジェクト学習が注目され始めたのです。現在、日本でもPBL（Project Based Learning）と言えば、学校関係者だけでなく企業の人材育成担当者にも通じる方法になっています。

1.2.2　学習環境のデザイン

2005年の中央教育審議会は、21世紀は知識基盤型社会の時代であるとして、高等教育の将来像について答申をまとめました[3]。政治・経済・文化をはじめとする社会のあらゆる領域において、新しい知識・情報・技術が活動の基盤として重要性を増してきたからです。さらに教育学者の溝上慎一は、「知識というものは固定的ではない」という見解から「探索的」という要素を加え、この時代を「探索的知識基盤型社会の到来」であると主張しています[4]。このような時代の中で、前述の学習観の転換が起こったのです。

これまで「学習」は、すでに確立された知識を獲得していくという、個人的な営みとしてとらえられてきました。そこから、共通する目的や価値観を持って実践している共同体へ参加していく過程そのものこそが学習なのだという考え方に変わってきたのです。この考え方のもと、いろいろな学習の方法が現れてきました。特に学習観が変わったことから、教育の中では学習者中心主義の教育が必要である、あるいはそういう学習環境を作っていくことが必要だと言われるようになりました。

前述のデューイは、共通の目標に向かって、共同して活動し、主体的に参加することを重んじました。これが行われるのが社会であり、共同体であるとして、シカゴ大学付属実験学校を創設し、子どもが学習の中心となる活動をデザインし、実践しました。共同的に活動し、主体的に参加できるよう十分配慮された環境を作り出しました。さらには、子どもたちがこういった経験をするだけでなく、そこから新しい文化や社会を作り直していく能力を身につけさせることが重要であるとしたのです。

この学習環境を作るという行為は、従来のように授業のやり方、教育方法を工夫するということではありません。学習者がどのような活動を経験し、学んでいくかという、学習の目的-対象-要因-学習に至るまでの過程を、物理的環境も含めて創造する行為として、「学習環境のデザイン」と呼んでいます。またこれは、一度作ったらおしまいというものではなく、実践しながら、振り返り、位置づけ、修正していく活動なのです。

1.2.3　学習すべき新たな思考の枠組み

20世紀終盤、世界の動きとして、21世紀型スキルやデザイン的思考、計算論的思考（Computational thinking)、STEAM教育の重要性が叫ばれるようになりました。それらについて、美馬[5]をもとに紹介しましょう。

21世紀型スキルとは、デジタル時代に求められる能力の代表的なもので、国際団体ATC21sが提唱しています。思考の方法、仕事のための道具、仕事の仕方、世界の中での生き方の四つの柱があります。21世紀型スキルを最初に提唱した米国では、小学校から高校までカリキュラムに組み入れ、さまざまな実践が行われています。

デザイン的思考とは、グラフィックデザイナーや服飾デザイナーなどのいわゆるデザイナーと呼ばれる人たちの活動の概念を拡張し、新しい考え方や仕組み、物を作り出すための思考の枠組みのことです。創造的行為の方法としてのデザイン思考と問題解決プロセスとしてのデザイン思考があります。状況を把握し、問題を定義し、チームでブレインストーミングし、プロトタイプを作り、検証していくという行為です。

これに対し計算論的思考は、コンピュータを利用することを前提とした問題解決の手法や、コンピュータの情報処理を比喩的にとらえた、新しい思考の枠組みです。この問題解決プロセスの特徴は、データの分析、データのモデル化、シミュレーション、問題の形式化、可能な解決法のテスト、アルゴリズム的思考を用いた解決の自動化、プロセスの一般化にあります。コンピュータサイエンスを超えて経済学、法学、生命科学、考古学、ジャーナリズム、人文科学、社会科学などに有用だとされます。

STEAM教育は欧米を中心に、K-12（幼稚園年長から高校3年生の12年生まで）のカリキュラム中で、Science（科学）、Technology（技術）、Engineering（工学）、Art（芸術）、Mathematics（数学）に重点を置いた教育のことです。それぞれの頭文字をとってSTEAMと呼ばれています。科学技術が生活に深く関わる基盤となる社会においては、STEAMの理解とそれらを活用する力が重要であるとされています。これらのなかにはそれぞれの科目を独立して教えるだけでなく、テーマを定めて科目を統合するものもあります。

1.2.4　エンジニアリング・デザインへ

科学教育においてエンジニアリング・デザイン（エンジニアリング手法）という考え方が、2013年に米国で発表された次世代科学スタンダード（NGSS）から強調され始めました[6]。

K-12の全段階で科学的領域を指導する際に、科学的探究と同レベルでエンジニアリング・デザインを科学教育の体系に統合することを試みています。この手法は、変化し続ける社会において、制約のもとで問題を定義し、解を見つけ、プロトタイプを作成し、テストし、最適化するやり方です。エンジニアリング・デザインの基盤を提供することで、児童・生徒たちは今後数十年で直面する社会的・環境的課題にこれまでよりも関与し、解決したいと切望する可能性が高まるとして、理系、文系、芸術系にかかわらず、また、子どもだけでなく、大人にとっても必要な手法であるとしています。

「エンジニアリング」というと、日本語では「工学」となり、理系の人だけに関係があることというイメージがあります。確かに、工学は役に立つものを産み出すために、計画し、設計し、製作し、検査するという基礎的科学の応用技術です。しかし、工学を思考の枠組みととらえるならば、「さまざまな分野の知見を用いて、役に立つものや快適な環境を作り出すこと」とも考えることができます。

ここでエンジニアリング・デザインの発想を、米国の科学教育の変遷から見ていきましょう。20世紀初頭から半ばまでは、科学教育は科学的知識（science knowledge）の習得が重要であるとされていました。それがスプートニク・ショックによって、科学的探究（science inquiry）を中心とするものに変化しました。スプートニク・ショックとは、1957年10月4日のソ連による人類初の人工衛星「スプートニク1号」の打ち上げの成功で、自国の研究開発に衝撃や危機感が生じたことです。このことを受け、宇宙開発競争が始まり、科学教育や研究の重要性が再認識されて大きな予算と努力が割かれるようになりました。科学的知識を習得することから、「科学する（doing science）」という、科学者のように考える、すなわち、仮説を立て実験や観察を行い、考察するという一連のプロセスを重視する教育へと大きく変化していきました。

そして、2013年に発表されたNGSSのなかで出てきた手法が、エンジニアリング・デザインです。これは20世紀の科学技術の発達によってもたらされた地球規模の変化、問題に対する解決のために必要とされる手法です。それは、制約のもとで、問題を定義し、解を見つけ、プロトタイプを作成し、テストし、最適化していく活動です。

小学校低学年のエンジニアリング・デザインの教育実践例として、「足を怪我した大型犬を病院に連れていくために、家から出して車に乗せるための装置を作る」というものがあります。ボール紙やタコ糸、糸巻などを使って、模型を作るのです[7] [8]。そのなかで滑車の概念も利用されています。

ある課題を解決していくことが必要だとされつつも、数学の問題を解くのとは異なり、唯一絶対の解が存在しない問題が世の中にはあふれています。限りある資源、急速に変化する世界において、その課題解決に向けて、エンジニアリング・デザインの思考態度を身につけることは、科学教育を超え、文系、理系、芸術系を問わず、すべての人に必要になってきています。新しい解決法や新しい仕組みを考え出す人が必要とされる時代の到来です。

1
2
3
4
5
6

1.2.5　学習の共同性・社会性

ここで改めて、プロジェクト学習の生まれてきた背景について確認しましょう。この流れを理解することで、プロジェクト学習がより効果的で、魅力あるものになるはずです。

学習観の転換が20世紀後半になって起こってきました。学習観とは、学習の仕組み、働き、有効な学習法などに関して個々人が持つ信念のことです。教育に関わる私たちは、その転換を強く意識することが必要です。

学習は知識の獲得ではなく、共同体への参加の過程であるという、学習観の転換です。ある固定した知識を獲得することが学習であるとする知識獲得モデルから、共通の目標、価値観を持った共同体へ参加する過程こそが学習だとする、参加過程モデルへと変化してきました。地域社会の一員、地球市民として、その役割を果たそうとする過程の中で、さまざまなことができるようになっていく、自分は何者かというアイデンティティが形成される、その過程が学習だと考えるのです。この学習への新しいアプローチでは、学習とは単に知識を獲得する受け身で個人的な活動ではありません。実践的な活動に役割を持って参加する、集団への関わりが強まっていく過程であると考えます。

こういった学習の考え方に沿って具体的に学習環境をデザインしていくために、「学習の共同性」と「学習の社会性」に注目します[9]。学習の共同性とは、2人以上の人間が協調的に活動することによって理解が深化するという学習の特性です。また、学習の社会性とは、学習は社会的に意味のある活動の中で動機づけられるという学習の特性です。

1.3 プロジェクト学習の本質

プロジェクト学習とは、通常の授業とは異なる方法で、中心となる考え方やテーマを核にした学習です。実社会に根ざした問題群を解決するために、学生が複数人でチームを構成し、共同で探求する取組みです。教員も複数人で担当します。地域社会をフィールドとしたものや、企業と連携しながら取り組むものもあります。課題が具体的に与えられるというよりは、実社会の中で自ら問題を見いだし、チームワークを発揮しながら、モノづくりやシステムづくりを通して解決することを目指します。

1.3.1 プロジェクト学習の目的と特色

プロジェクト学習は、社会的に意味のある環境と共同的な活動の中で、より強く学びを動機づけます。チームの仲間、教員、地域や企業の方々などとのさまざまな出会いやコミュニケーションを重ねるその過程にこそ価値があります。ものの見方や資料・データの収集と分析、議論の進め方、他者への理解や共感、プレゼンテーション力など、プロジェクト学習の活動の中で磨かれていく資質は、その後の人生に大きく活かされる糧となります。

プロジェクト学習には、最終的にできあがったプロジェクトの成果を社会に提案し還元していくことが含まれます。還元するとは、実際に社会で利用するまでに到達せずとも、学外の、たとえば関係する団体、市役所や企業、医療機関に対して、提案する、報告するということです。このことで、相手からの質問やコメントを受けたり、相手に新しい考え方を提供する機会になります。さらに、この学習を通して学んだことは何であったのか、どのような点で自分が

1
2
3
4
5
6

成長したかを意識し、それが今後どのような形で活用できるのかを理解することができます。学びや経験を振り返り、概念化、言語化し、別の問題に応用していくための力をつけていくことになります。これがプロジェクト学習の最終目標になります。

1.3.2　プロジェクト学習のテーマ

プロジェクト学習を実践するにあたって、教員はテーマによる総合化を行います。はじめに中心となる考え方やテーマを核に据えます。そして、その周りにさまざまな活動を配置していきます。図 1.1 に示したように、テーマを中心に据え、周りにさまざまな活動がつながり広がっていくのです。たとえば、中

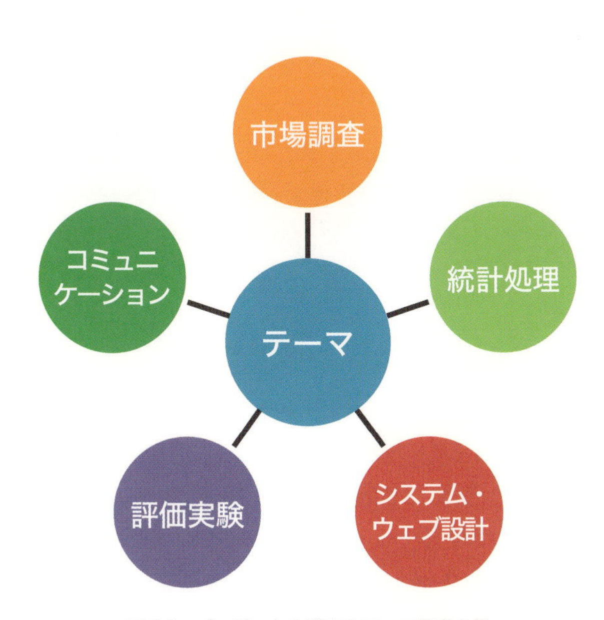

図 1.1　プロジェクト学習のテーマ設定の例

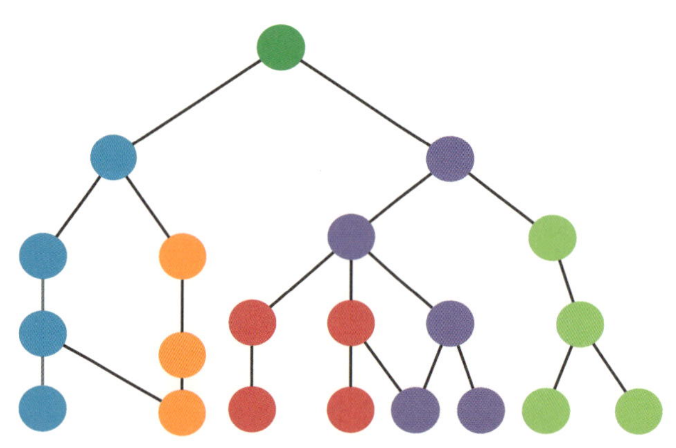

図 1.2　従来の分野別学習における学習系統図

心に入るテーマの領域の例としては、環境、食、健康、医療、福祉、観光、歴史、文化、教育などが挙げられるでしょう。あるいは、現実に存在する課題、たとえば、買い物難民を解決するなどであってもよいでしょう。それらを中心に据え、そこから放射状、あるいは網目状に関係する要素を考えていきます（図 1.1）。これが従来の分野別学習であれば、樹形図、系統図として上から下へと学ぶべき項目が配置されていきます（図 1.2）。教科から考えるのではなく、テーマから学習要素を考えていくのがプロジェクト学習の特徴です。

1.3.3　プロジェクト学習の本質

プロジェクト学習の本質は、テーマとチームとその活動にあります。テーマにおいては、実社会と密接に関係したテーマを選ぶことが重視されます。この点が先に述べた「学習の社会性」、学習は社会的に意味のある活動の中で動機づけられるという学習の特性に深く関係しています。また、チームによる協調的・共同的活動であることが「学習の共同性」、2 人以上の人間が協調的に活動することによって理解が深化するという学習の特性を活かすことになります。

学習の共同性については、プロジェクト学習のチームによる活動が影響します。一方、学習の社会性については、プロジェクト学習における学外組織との連携や成果発表会などの環境が大きな影響を与えるのです。

人はみな、「新しいことが知りたい」という好奇心と、「人の役に立ちたい」という貢献意欲、「それを形にしたい」という創造力の欲求を持っています。この三つがプロジェクト学習の活動の中でまじりあって、それぞれの学生の学習が動機づけられていきます。

実社会における多くの問題には、明快な解、誰もが納得できる解、正当性を証明できる解は存在しません。講義や教科書から学んだやり方を実社会における問題の解決にそのまま適用することもできません。このような社会的状況においては、従来の科目や専門分野の知識やスキルだけでなく、21 世紀型スキルといった問題解決の力やコラボレーションの力などが必要です。

OECD の The Future of Education and Skills : Education 2030 [10] では、2030 年までの教育目標として、21 世紀型スキルに加え、変革的能力（transformative competencies）を挙げています。変革的能力とは、新しい価値を創造する力、緊張を和らげ、ジレンマを解消する力、責任をとる力です。プロジェクト学習の活動は、これらを学んでいく環境をデザインすることができるのです。さらには、変革的能力を育成するには、プロジェクト学習が最適の方法とも言えるでしょう。

1.3.4　より効果的な学習とするために

プロジェクト学習をデザインするにあたって、その学習段階を意識するとよいでしょう。プロジェクト学習は、モノづくりを通した学習とも言えます。こ

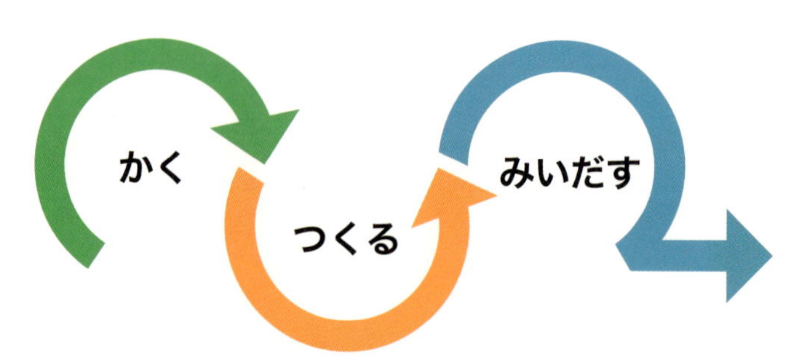

図 1.3　モノづくりを通した学習の 3 段階

こで言う「モノ」は、模型やロボットのような有形のものだけでなく、イベントや仕組み・制度など、無形の活動であってもかまいません。モノづくりを通した学習から、コミュニケーション力やチームワーク、創造的思考など、21 世紀を生きていく上ですべての人に必要であると言われている能力が培われていくのです。

モノづくりを通した学びのプロセスには、「かく」「つくる」「みいだす」の 3 段階があります（図 1.3)。

第 1 段階は「かく」、認知心理学の言葉で言えば「外化」です。誰かと話をしたり、言葉にしたり、文字にして書いたりすることで、自分が何を考えているのか、どうしたらよいかの考えが深まります。これを認知心理学では、「思考の外化」と呼んでいます。頭の中にあるもやもやとしたものをいったん頭の「外」に出すことによって整理し、自分で吟味したり、他者と共有したりできるような状態にする。そして、そこからまた頭の「内」に戻し考える。これを「思考の内化」と言います。つまり、頭の外と内との情報を上手に利用して相互作用を行うことによって思考を深めていくのです。

ここで「かく」とひらがなを使っているのは、絵を描くという「描く」と、文字を書くという「書く」の両方の意味があるためです。モノづくりを通した学習の中での第一段階である「かく」ということは、まずできあがりをイメージして絵や言葉にするという段階です。

第２段階は「つくる」段階。これを「具現化」と呼んでいます。実際に試行錯誤を重ねながら作り上げていく段階です。

第３段階が特に重要な「みいだす」、「概念化」する段階です。モノづくりやワークショップという学習活動のなかで、これまでは第３段階を「振り返り」あるいは「リフレクション」と言ってきました。しかし、この振り返りやリフレクションという言葉が広まるにつれ、反省することにとどまるような活動が多く見られるようになってきました。モノづくりを通して学ぶことは、「作って反省しておしまい」ではないのです。

その学びの本質は、モノを作ってきた過程を振り返り、そこから原理や法則をみいだし、他の場面でも適用できるような概念化にあります。通常モノづくりを通した学習では、試行錯誤を重ねながら作り上げるところまで、あるいは振り返るところまでが強調されている場合が多いようです。しかし、ここでは、振り返りからさらに原理や法則、なぜうまくいったのか、なぜうまくいかなかったのか、必要なことは何であるのか、今後どのように活かせるか、ということを見いだしていく段階まで、学びを深め、発展させることが重要です。この「みいだす」過程によって、その後、モノづくりを通した経験が汎用性のある考え方に変わり、新たな状況へ適用できるようになるのです。

1.3.5　改めてプロジェクト学習とは

ここで、改めてプロジェクト学習とはどういったことなのかを振り返って考えてみたいと思います。

プロジェクト学習が広まってきた背景には、科学技術の進歩による社会の急速な変化と、それに伴う学習観の変化があります。きっかけは、学習の知識獲得モデルから参加過程モデルへという学習観の転換です。学習は単に知識を獲得する受け身で個人的な活動ではないということ、実践的な活動に役割を持って参加する、集団への関わりが強まっていくそのプロセスであるという考え方のもとに、プロジェクト学習は起こってきました。プロジェクト学習を今の学習の定義に当てはめて考えれば、プロジェクト学習は単にプロジェクトの成果物（関連する知識やスキルを含む）を得ることではないということ、実践的な活動に役割を持って参加する、社会への関わりが強まっていくプロセスであると考えられます。

そこで重要になるのが、評価、フィードバックです。成果物に対する評価だけでなく、何を学んだのか、どう学んだのかに関する「プロセスの意識化」が重要です。学習をある固定した知識の獲得であるとするならば、それが獲得できたかどうかはテストで測ることができます。しかし、プロジェクト学習の背景にある学習観では、従来の学習観のもとで行ってきたテストという評価にはなじみません。評価についても新しい枠組みが必要です。評価は、次への学習のフィードバックであり、評価することは手段であり、目的ではないのです。そう考えれば、学習者自身が、自分がどれだけ成長したか、どの部分がうまくいっていないのか、今後何が必要なのかを自覚し、行動を変化させるためのフィードバックが必要になります。

プロジェクト学習は一般に言われている「課題解決型学習」にあたります。答えを作りながら学んでいく中で、次の問い、新たな行為が生まれてきます。問題解決を進め、できあがって終了ではありません。できあがったと思うと「さらにその先がある」ということが見えてきて、次の問いが生まれてくるという、その先へ続いていく学習です。重要なのは、学んだプロセスを意識化し、概念化し、応用可能な知識へと結びつけていくことなのです。

1
2
3
4
5
6

1.4 さまざまな誤解

プロジェクト学習を行っていく上で、落とし穴もあります。ここでは、それを避けるために、あえて紹介しましょう。

1.4.1 プロジェクトとプロジェクト学習は異なる

プロジェクト学習の実践を17年間行ってきた中で、プロジェクト学習へのよくある誤解も見えてきました。まず、「プロジェクト」と「プロジェクト学習」は異なるということです。企業や社会活動のなかで行われるプロジェクトは、何らかの目標を特定の期限までに達成するために計画し、それを自分たちで、チームで実行するというものです。

それに対しプロジェクト学習は、学習する機会です。教員側に立って言えば、学習する機会を提供し、単位を認定する授業としてデザインするものです。したがって、プロジェクト学習のテーマを教員が提案する際には、学生がこれまで何を学んできているのか、その上でプロジェクト学習ではどのようなスキルや知識を学んでいくのか、最終的な成果物としてはどのようなものになるのかなどを、教員はあらかじめ考え、学生の経験のプロセスも想定してデザインすることが非常に重要になってきます。

デザインするにあたっては、通常の授業と異なり、いかに多様な参加者、協力者を得ていくかもポイントです。多様な参加者とは、学生だけでなく、プロジェクトが関わる学外の人たちのことを含みます。その人たちと関わりながら、アイデアを創出し、プロトタイプを作成し、最終成果を提示します。

1.4.2　異なる立場からの誤解

国内でも最近、プロジェクト学習を実施する大学が増えてきました。その中には、異なる立場からいくつかの誤解があるようです。それは、教員による誤解や学生による誤解、そして連携する企業や自治体による誤解です。

教員の中には、テーマを与え、学外の協力者を見つけるだけで、あとは学生に自由にやらせておけばよい、と誤解する人がいます。成果物を最終期限に間に合うように完成させ、発表会を実施し、その反省をし、レポートを書かせればよい、としている例が見受けられます。「経験すればなにかは学ぶだろう。」「学外の人が指導してくれることで、学内の通常の講義から学ぶこととは違った経験になる。」という具合です。

学生は、教室で先生の講義を受け身でじっと座って聞いているよりは、気分転換になってよい、と考えがちです。「数式や概念を理解したり、一人で演習問題を解いているよりは、仲間とおしゃべりしながら楽しく過ごせるサークル活動のようで、これで単位がもらえるなら楽勝だ。」「そんなに毎回力を入れなくても、最後のほうで、ちょっと調べて適当にまとめ、最終プレゼンをかっこよく行えばそれでよい。」という誤解です。

連携する企業や自治体は、「シャッター商店街を何とかするのに、どこかの企業に委託する予算はないし、若い学生たちなら無償で良いアイデアを出してくれるだろう。」「電子カルテのシステムを導入したいけれど、購入するのは高額なので、情報系の学生たちにシステム開発を依頼すれば安くできるに違いない。」という具合です。

プロジェクト学習によって地域の課題をテーマとしても、すぐに根本的な問題を解決できるわけではありません。よくある例としては、「シャッター商店街を活性化してほしい」という地域からの依頼があります。シャッター商店街

1 2 3 4 5 6

の活性化を目的に、イベントやスタンプラリーを行ったとしても、それは一時的なものであり、学生が半年あるいは1年やっただけでシャッター商店街の問題を根本的に解決できるわけではありません。プロジェクト学習を通した一時的な解決に過ぎず、それを継続する仕組みまで考えられていないからです。

社会ですぐに利用できる製品を開発できるわけではありません。未来大の場合は情報系の大学であるため、医療機関から電子カルテを作ってほしい、あるいは行政から多言語の観光情報システムの開発と運用を行ってほしいと依頼される場合があります。ただしこれも、あくまでもプロトタイプの作成です。

プロジェクト学習では医療現場の人たちが抱えている問題を知り、それを情報技術でどのように解決できるかを考えるだけではありません。プロトタイプを作ることを通して、情報技術を活用すると、新たにどのようなことが可能になるのかという、新しい仕組みや装置を考えていくことができます。その医療機関は今後システム開発を企業に委託する場合、情報技術を利用してどういったことをしたいという要望を自分たちからも提案できるようになるのです。

実際の企業の製品・サービスであれば、システムを運用する上での機密保持、システム開発における質保証、あるいは持続的な運用業務を求められるでしょう。プロジェクト学習がそのような製品を提供できるわけではないということを、教員があらかじめ協力者に伝え、お互いに認識しておく必要があります。

シャッター商店街の活性化や観光情報システムの構築など、実社会の課題解決のためには、プロジェクト学習で得られた成果をもとに発展させ、持続して取り組んでいく、別の枠組みが必要です。プロジェクト学習は、あくまでも学生に対する学習機会の提供であり、授業としてデザインされたものです。したがって、プロジェクト学習のテーマを教員が提案する際には、大学4年間のカリキュラムの中で、どこに位置づけるのか、その前後で学生はどういった科目を履修し、力をつけていくのかを押さえておく必要があります。たとえば、市場調査や統計学、プログラミングを学んだ後だったら、それを現実の問題に適用する過程で、自分の理解の浅かったところを補強していく機会になります。

どのようなスキルや知識を学んでいくのか、解のない問題に立ち向かう態度、チームワーク、学外協力者とのやり取りの中で、コミュニケーション力も鍛えられていきます。学生が、このプロジェクト学習の機会を得て、学んだ過程を意識化し、概念化し、応用可能な知識へと結びつけていくということができるようにすることです。

一方で、教員にとっても学習の機会、成長の機会となります。複数の教員で一つのプロジェクトを担当し、協働して活動することで、学習の「共同性」が学外組織との連携や成果発表会などの環境を強化します。つまり学習が「社会性」を帯び、教員自身のプロジェクト学習にもなるのです。

1.5 三方よしのプロジェクト学習

プロジェクト学習について、三方よしの観点から、17年間の経験をもとにその成果を考えてみます[11]。三方よしとは、「売り手よし」「買い手よし」「世間よし」という近江商人の心得に由来します。売り手と買い手がともどもに満足し、それが社会貢献につながるということです。ここではそれぞれ学生、教員、社会（特に地域）を意味します。プロジェクト学習は大学の科目であることから、もちろん「よし」の一番の主体は学生です。しかしながら、この活動は、学生のみならず、そこに関わる教員、そして連携先、あるいは地域社会にとっても、大きな役割を果たしています。

1.5.1　学生にとって

これまでの学生の学習フィードバック結果から、学生の多くが積極的にプロジェクトに携わり、総体として大きな成果を挙げていると言えます。ただし、プロジェクトに積極的に参加しない学生も少数ながら見られました。一方では、通常の講義や演習で動機づけの低かった学生が、プロジェクト学習では積極的に活動し、知識やスキルを習得し、成長することが、数多く確認されています。卒業生へのインタビュー調査では、ほとんどの学生が 4 年間の中で記憶に残る、価値のあった科目としてプロジェクト学習を挙げています。プロジェクト学習がきっかけとなり、その後、情報処理振興協会の未踏ソフトウェア創造事業（IPA 未踏ユース）に採択されるまでに発展したものや、地域や業界のコンテストで受賞に至ったものが複数存在します。

1.5.2　教員にとって

プロジェクト学習では、参加する教員にもさまざまな効果を生んでいます。プロジェクトテーマや教員メンバーは、毎年多くのものが入れ替わり、新たな提案がなされます。このことは、教員自身に新たな発想を生み出し、動機を高める機会を提供します。学生だけでなく、教員もチームのメンバーとして複数で指導を行うことから、教員同士の自発的な連携により、プロジェクトのテーマや指導方法の改善がなされます。毎年 4 月中旬に実施されるその年度の教員によるテーマ説明会では、多くの学生の興味を喚起すべく、教員は必死になります（図 1.4）。同じプロジェクトを担当したことがきっかけとなり、共同研究テーマが新たに見つかったり、授業方法や内容の改善につながった例が多く存在します。

図 1.4 教員によるテーマ説明会の様子

1.5.3 社会にとって

プロジェクトテーマは、考案の段階から地域社会との関係を意識したものが多くあります。未来大の場合、市役所から出向している職員のいる大学事務局も、地域社会における関係団体とプロジェクトを結びつける役割を担っています。これまで、函館市役所商工観光部、地場産業振興センター、地元企業のほか、病院や企業からの協力や要請を得て実施されたものも多くあります。複数年にわたって、協力関係が続いている組織もあります。最近では、プロジェクトで扱ってほしいという外部からの要請もありますが、対応できずに断る場合も出てきているほどです。12月中旬に実施する最終成果発表会は公開で行うことから、地元の高校生のほか、首都圏からの見学者もあり、プロジェクトの成果発表の評価にも参加しています（図 1.5)。

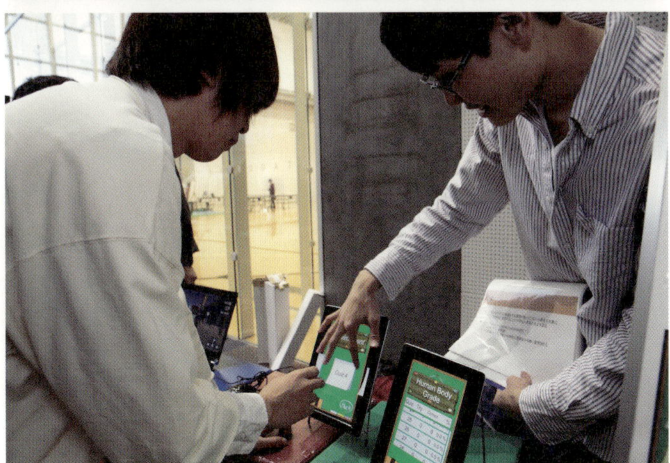

図 1.5　最終成果発表会の様子

1.5.4　三方よしの価値創造

世界が急速に変化する現代社会において、大学を卒業してからも、すべての人が学び続けることが必要となっています。学生だけでなく、大学の教職員も、そしてそこに関わる人々も、学習過程に対して能動的に関与する学習者となることが望まれます。プロジェクト学習は、その好機です。三方よしの新たな価値をもたらす共創的活動として、プロジェクト学習を多くの人たちが実践し、そのノウハウを、学習環境のデザイン原則として共有していくことが、三方よしの価値創造につながっていくのです。

参考文献

［1］　佐藤学（1996）．『教育方法学』．岩波書店，東京．
［2］　科学技術の智プロジェクト（2008）．『21 世紀の科学技術リテラシー像～豊かに生きるための智～プロジェクト総合報告書』．日本学術会議，東京．
［3］　中央教育審議会（2005）．我が国の高等教育の将来像（答申）．文部科学省，東京．
［4］　溝上慎一（2014）．『アクティブラーニングと教授学習パラダイムの転換』．東信堂，東京．
［5］　美馬のゆり（2018）．第 16 章これからの学びを想像する．鈴木克明，美馬のゆり（編著）『学習設計マニュアル：「おとな」になるためのインストラクショナルデザイン』．北大路書房，京都．
［6］　NGSS Lead States (2013), Next Generation Science Standards For States, By States. *National Academy of Sciences*, Washington, D. C., USA.
［7］　Capobianco, B., et al. (2015). Dog gone it!, STEMEdhub.　https://stemedhub.org/resources/2896
［8］　Learning through Engineering Design (SLED), NSF 2016 Video Showcase, TERC. http://stemforall2016.videohall.com/presentations/672
［9］　美馬のゆり（2010）．組織における持続可能な学習環境デザイン．『日本教育工学会第 26 回全国大会』，77-80.

[10] OECD (2018). The future of education and skills Education 2030. OECD, Paris, France.
https://www.oecd.org/education/2030/E2030%20Position%20Paper%20(05.04.2018).pdf
[11] 美馬のゆり (2017). プロジェクト学習による三方よしの社会的価値の共創.『サービソロジー』, 14：10-15.

第2章

未来大のプロジェクト学習

未来大では、プロジェクト学習を3年生の必修科目としています。2002年から教職員の仲間とともに、さまざまな試行錯誤を繰り返し、現在に至っています。この章では、未来大におけるプロジェクト学習について紹介します。

2.1 カリキュラムにおける位置づけ

未来大では、開学のための準備を始めた1996年当初から、プロジェクト学習を新しい教育方法として導入することを議論してきました。必修科目にすることは最初から決めていましたが、どの学年で行うのかは、かなり議論になりました。結果として、ある程度の専門知識が身につき、専攻（コース）が異なった学生が混ざることに意味があるとして、3年生の科目になりました。ここでは、その位置づけについて紹介します。

2.1.1 未来大のカリキュラム

システム情報科学の単科大学である未来大は、函館圏公立大学広域連合1)を設立母体として2000年に開学しました。システム情報科学では、世界を構成するあらゆる要素を「情報」と考え、その情報が相互に関連し合う「システム」として社会をとらえます。コンピュータ技術を基盤にしていますが、従来の情報工学や情報科学の枠組みを越えて、情報技術、デザイン、コミュニケーション、認知心理学、複雑系、人工知能などの多彩なジャンルが有機的に融合した新しい学問領域です[1]。

未来大のシステム情報科学部には、2学科（情報アーキテクチャ学科、複雑系知能学科）があり、さらにその中には5つのコース（情報システムコース、情報デザインコース、高度ICTコース、複雑系コース、知能システムコース）があります（図2.1）。

カリキュラムは、基礎力から専門力、実践力、さらに発展力へと、知識と技術の積み重ねと広がりを意図しています（図2.2）。1年生では、各コースで

1）設立当時の函館圏公立大学広域連合は、函館市、上磯町、大野町、七飯町、戸井町の1市4町。2018年現在は合併により、函館市、北斗市、七飯町の2市1町。

学ぶために必要となる基礎的な能力、すなわち計算論的思考、数理思考、日本語による読解力・作文力、英語の語彙力・読解力・作文力、コミュニケーション力などを身につけます。2年生では、各コースに分かれ、それぞれの専門分野について学んでいきます。3年生では、専門分野の学習と並行しながら、プロジェクト学習（正式科目名：システム情報科学実習）にチームで取り組みます。そして、4年生で研究室に所属し、今度は一人で4年間の学びの集大成として卒業研究に取り組みます[2)]。

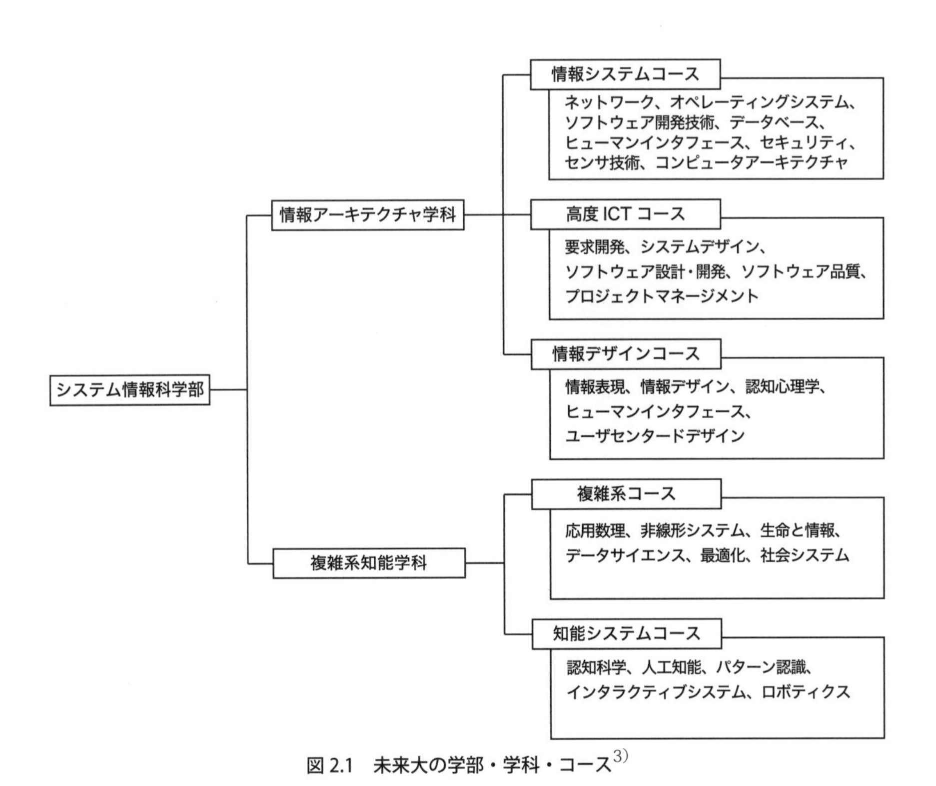

図2.1　未来大の学部・学科・コース[3)]

2）未来大のアドミッション・ポリシー、カリキュラム・ポリシー、ディプロマ・ポリシーが https://www.fun.ac.jp/about/educational_policy/に掲載されている。
3）高度ICTコースは、大学院への進学を前提とした、学部・大学院の一貫教育を実施。3年次に選択する。

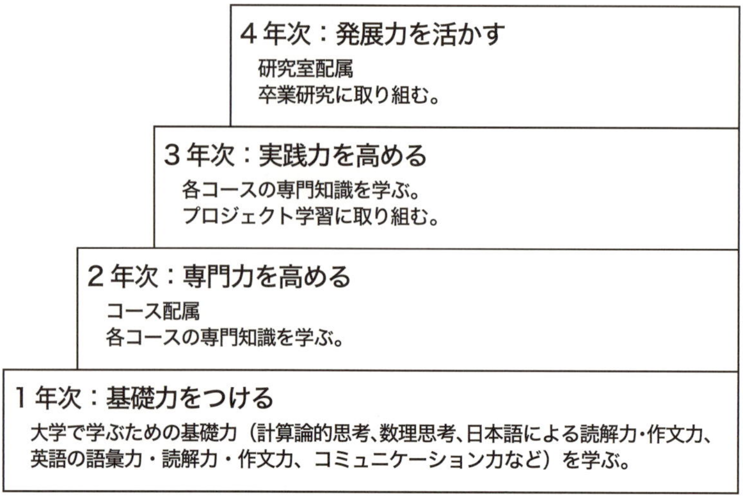

4年次：発展力を活かす 研究室配属 卒業研究に取り組む。
3年次：実践力を高める 各コースの専門知識を学ぶ。 プロジェクト学習に取り組む。
2年次：専門力を高める コース配属 各コースの専門知識を学ぶ。
1年次：基礎力をつける 大学で学ぶための基礎力（計算論的思考、数理思考、日本語による読解力・作文力、英語の語彙力・読解力・作文力、コミュニケーション力など）を学ぶ。

図 2.2　プロジェクト学習の位置づけ

2.1.2　未来大プロジェクト学習の特徴

未来大では、新たな教育方法として 2002 年よりプロジェクト学習を実施してきました。日本におけるプロジェクト型学習の先駆けといえます。未来大のプロジェクト学習の特徴として、以下の３点が挙げられます。

◆学生と教員による混成チームで活動する

未来大のプロジェクト学習では、全コースの学生が混ざってチームを組みます。学生だけではありません。コース所属の教員も全員がプロジェクト学習に参加し、コースの壁を越えてチームを組みます。全学生・全教員によるプロジェクト学習です。

表 2.1　2018 年度プロジェクト学習テーマ一覧

1. ミライケータイプロジェクト［re:］
2. ディーラーをやっつけろ！　複雑系の数理とシミュレーション
3. 数理科学を学ぶ環境のデザイン
4. 使ってもらって学ぶフィールド指向システムデザイン 2018（愛称：すうぃふと 2018）
5. AI するディープラーニング
6. 人の理解を深める心理学研究
7. ロボット型ユーザインタラクションの実用化――柔らかで、あたたかく、優しいサービスの実現へ――
8. 函館発新体験開発プロジェクト
9. 豊かな文化的体験のためのミュージアム IT～触発しあうモノとヒト～
10. 複雑系知能ロボットへの挑戦
11. 音響プラネタリウム：地域に根ざす手作りプラネタリウムの制作
12. ビーコン IoT で函館のまちをハックする ―BEACON FUN Reloaded
13. クリエイティブ AI
14. 共感に基づくグロバールデザイン
15. future body
16. FUN-ECM プロジェクト
17. Underwater World
18. IoT と AI で医療・ヘルスケア環境をデザインしよう
19. 身体拡張筋電インタフェース ―ASHURA―
20. FabLive：学び、作り、魅せるファブ

1 チームは 10～15 名程度の学生と 2～4 名の教員で構成されます。チームは学生・教員の自由意志によって作られます。まず、教員のチームが自然発生的にでき、そのチームのテーマを掲げます。表 2.1 は 2018 年度の各チームのテーマです。チーム数は年度によって多少変わりますが、毎年 20 前後のチームができ、さまざまなテーマを掲げます。学生は、これらの中から興味のあるテーマを選び、そのチームに参加します。テーマによってチームを選ぶため、友人や知り合いがチームに一人もいないということもよくあります。初対面の人、あるいはあまりよく知らない人たちと新たにチームを組み、協力しながら活動することによって、協働する力を鍛えます。

◆現実社会との接点を意識したテーマについて 1 年間取り組む

未来大のプロジェクト学習では、学習の社会性を重視し、現実社会との接点を意識したテーマを扱います。たとえば、「IoT と AI で医療・ヘルスケア環境

をデザインしよう」(通称：医療プロジェクト）では、医療・ヘルスケア分野における問題を見つけ、情報技術によって解決することを目標としています。学生は問題を発見するために、医療に関する書籍や論文を読んだり、調査を行ったりします。地元の病院や介護施設に行き、現場の人たちから話を聞くこともあります。このような活動を通して、学生は現実社会に目を向け、今まで想像もしなかったような問題を発見します。

問題を発見できたら、次は問題解決のフェーズに進みます。現場で困っている人たちを支援するために、どのような解決策があるのか、どのように解決していけばよいのかを検討します。学生は日々の授業において専門知識を学びますが、学んだことがどこでどのように活きるのかを具体的にはまだイメージできていません。そのため、何のために学ぶのかを見失い、時として学習に対するモチベーションを低下させることがあります。プロジェクト学習は、学んだことを発揮できる、実践の場です。解決すべき問題が明確であり、助けてあげたい利用者が存在するため、学生はモチベーションをもって問題解決に取り組みます。

未来大のプロジェクト学習では、問題発見から問題解決、報告までを、1 年間をかけて行います。現実社会のことをほとんど知らない学生が、現実社会の問題を見つけ出し、その問題に対峙するのは困難なことですし、時間もかかります。解決すべき問題を絞り込むことができず、問題設定に 2～3 ヵ月を費やすこともあります。現場で使ってもらえるものを作るには、さらに時間がかかります。最初から効率よく進められるはずもなく、一度や二度の失敗は当たり前です。利用者の役に立つために、悩んだり失敗したりすることは必然であり、だからこそ 1 年の歳月が必要なのです（図 2.3 参照)。

◆プロジェクト学習で実践力を身につける

プロジェクト学習を 1 年生次で行う大学もあるようですが、未来大では 3 年生次で行います。現実社会に関連した問題に対峙するには、相応の知識や技

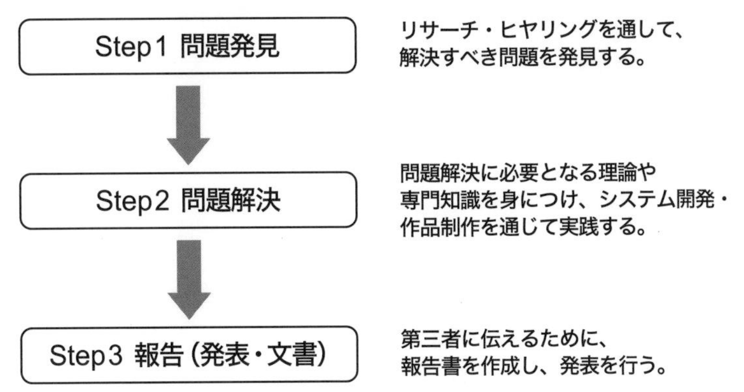

図 2.3 プロジェクト学習の進め方

術が必要となるからです。1・2 年生では、まだ基本的な知識や技術を学んでいる最中のため、現実社会の問題を扱うには力不足です。もちろん、3 年生にとっても困難なところは多々ありますが、3 年生の場合は今までに学んだ知識や技術をベースにして新たな知識や技術を自ら習得しながら、問題発見・問題解決に取り組むことができます。プロジェクト管理や運営方法についても学ぶことができ、より実践的な学びを得ることができます。

グループ活動の面においても、1・2 年生よりは 3 年生のほうが活動の準備ができています。未来大では、3 年生のプロジェクト学習でいきなりグループ活動をするわけではありません。1・2 年生の頃から、いくつかの授業でグループでの学習を経験しています。たとえば、1・2 年生の必修科目「コミュニケーション」では、デジタル・リテラシーやプロジェクトの計画方法、討論、プレゼンテーションなどについて学び、背景の異なる人々と効果的にコミュニケーションをとる力を鍛えています。3 年生になるまでにグループ学習の基礎的経験があるので、3 年生でプロジェクト学習を実施できます。

2.2 運営体制

プロジェクト学習の運営を継続していく上で鍵となるのが、全体の運営を統括する教員組織「プロジェクト学習ワーキンググループ」(以下、プロジェクト学習WG)の存在です。大学運営に関わる教務委員会などと同様の扱いで教員が配置されます。プロジェクト学習WGは、プロジェクト学習全体の年間のスケジュールや予算配分の決定と周知、電子的に提出される週報などの確認のほか、渉外業務を行います。ここで重要な点は、プロジェクト学習WGの教員が自分のプロジェクトも持っているという点です。自分自身もプロジェクトを担当していることから、プロジェクトを進める上で何が必要か、あるいは何が問題になっているかなどを当事者として理解できます。「自分たちに起こっている問題は、ほかのプロジェクトでも起こっているに違いない、こんな仕組みがあったら、個々のプロジェクトが行うよりも効率よくできるはず」と考え、委員会として全体を管理・運営していきます。その結果、プロジェクトに関わる教員たちの負担を軽減し、効率的に行うことを可能にします。

プロジェクト学習WGには、新任教員、若手で初めて授業を持つような教員、企業出身の教員、教育経験があってもこのようなプロジェクト学習を経験したことがない教員が委員に任命されます。未来大の特徴的な授業であるプロジェクト学習全体を見渡し、さまざまなやり方があることを知る機会になります。これが、ファカルティ・ディベロップメント(以下、FD)機能も果たしています。

FDというと、教員個人としての資質の向上ととらえ、教員のために研修会を開催するのが一般的です。これに対し、未来大ではFDを教員個人としての資質の向上だけでなく、より良くなろうとする学習共同体の構築とその維持と考えます。プロジェクト学習をチームで担当することにより、どのように進めていくのがよいか、何を目標とするかなど、教員同士の話し合いが日々行われます。この経験が他の授業にも活かされていきます。

大学にはそれぞれ固有の課題があります。ある地域、ある大学、ある専門性を持った共同体の中で、自分たちで課題を発見し、自ら解決しつつ学んでいきます。プロジェクト学習を実施する中で、教員たちの学びの機会が生まれ、学習共同体ができあがっていきます。

2.3 年間スケジュール

未来大のプロジェクト学習の一連のスケジュール（図 2.4）は、問題発見、問題解決、報告のフェーズに大きく分けることができます。問題発見フェーズ

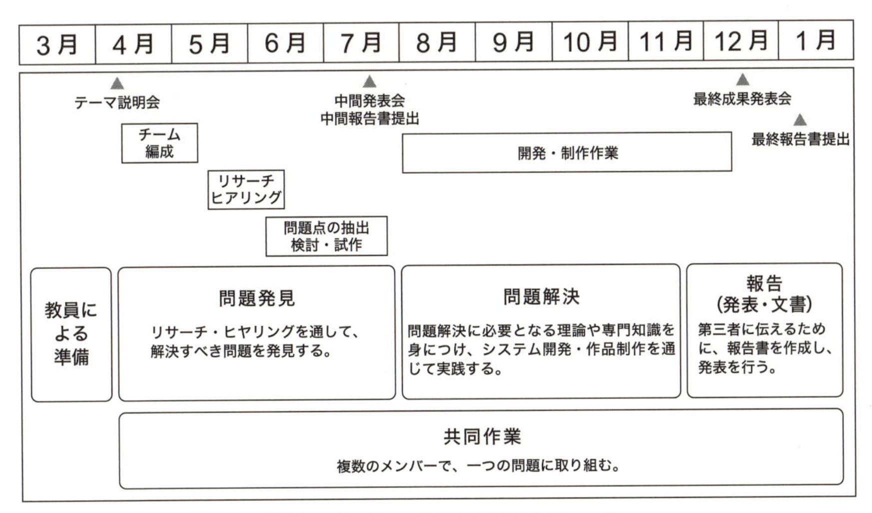

図 2.4　プロジェクト学習年間スケジュール

ではプロジェクトで解決すべき問題を探していきます。問題解決フェーズでは、問題解決に必要となる理論や専門知識を身につけ、システム開発や作品制作を行います。そして、報告フェーズでは成果発表のための準備を行い、報告書を作成していきます。これらの活動をプロジェクトメンバー全員で協力して行います。この節では、年間のスケジュールの中で特徴的なイベントを紹介します。

2.3.1 教員による準備

未来大のプロジェクト学習の準備は、前年度の３月から始まります。最初に教員が行うことはテーマの検討です。複数の教員がチームを組み、そのチームのテーマを検討し、決定します。教員は原則全員参加です。1 チームの教員数は 2〜4 名程度で、できるだけ専門分野が異なる教員同士で組むようにしています。

たとえば、「IoT と AI で医療・ヘルスケア環境をデザインしよう」（通称：医療プロジェクト）は４名の教員で構成されています。そのうちの２名は医療システムの専門家ですが、あとの２名は認知心理学者と、IT コンサルティング企業での勤務経験を持つシステムソフトウェアの専門家です。また、アドバイザーとして情報デザインの専門家も参加しています。専門分野が異なる教員が一つのチームになることにより、それぞれの強みを生かした指導ができます。

テーマが決まったら、申請書を作成します。表 2.2 は実際の申請書です。提出された申請書は、プロジェクト学習 WG によって確認され、承認されます。

表 2.2　申請書の例

プロジェクトタイトル	使ってもらって学ぶフィールド指向システムデザイン 2018（愛称：すうぃふと 2018）
提案者	伊藤恵
指導教員	伊藤恵、南部美砂子、奥野拓、原田泰
アドバイザー	なし
プロジェクトの目的	システム開発とその運用から、お客様のために真に役立つシステムやサービスのデザインを行い、以下のスキルを身につけることを目指す。 1）フィールド調査に基づくニーズと要求の発掘 2）依頼者や利用者に本当に役立つユーザセンタードデザイン 3）効率的なチーム開発を進めるためのマネジメントスキルやツール活用力 4）単なるプログラミングだけではなく、価値あるシステムを提供するための設計手法やプロセス 5）運用から得られるフィードバックに基づくシステム改善
プロジェクト内のチーム編成	参加人数に応じて 5 名程度ずつのチームに分かれ、全チーム共通の勉強会とチームごとのアプリ開発を行う。
予定される最終成果物	1. 開発し運用するシステムそのもの 2. お客様から得られたフィードバックをまとめたもの 3. お客様への最終的な納品物（システム一式、運用マニュアル等）
学生メンバーの役割	チームメンバはフラットな関係で、メンバー内の合意の下ですべてのパートに全員が関与する。 ・フィールド調査全般 ・会議進行や議事録作成 ・実装 ・運用サポート ・成果物ピアレビュー等
活動計画、および活動に関連した学習対象となるスキル	■活動計画 前期には、フィールド調査と並行して、少なくとも試験稼働可能なシステムの開発を行う。これと並行して開発技術やマネジメント技術の習得を行う。後期には、前期に開発したシステムの実運用を行い、運用から得られるフィードバックを基にシステムの改善を行い、真に役立つシステムの完成を目指す。 ■学習対象となるスキル 情報デザイン、ユーザーセンタードデザイン、ヒューマンインタフェース、ソフトウェア工学（ソフトウェア設計論 I / II：モデル化と要求開発）、プログラミング（プログラミング基礎や情報処理演習 I ）、サーバ構築/運用（システム管理方法論）のほか、コミュニケーション、プロジェクトマネジメント。

2.3.2　プレゼンテーション合戦：教員がテーマについてプレゼンする

「参加したいプロジェクトを学生自身が選べる」というのも未来大プロジェクト学習の特徴の一つです。どのようにしてプロジェクトを選んでいくのでしょうか。

まず、教員チームが学生に向けてプレゼンテーション合戦（正式名称はプロジェクト学習テーマ説明会）を行います。図 2.5 は、「IoT と AI で医療・ヘルスケア環境をデザインしよう」プロジェクトがプレゼンテーション合戦で使用したスライドの一部です。プロジェクトの活動内容、習得できるスキル、スケジュール、教員紹介、これまでの活動成果、どのような学生を求めているのかについてプレゼンしています。

プレゼンテーション合戦は、未来大のオープンスペースを使ってポスターセッション形式で行われます。約 20 チームが前半セッションと後半セッションに分かれ、1 回 15 分のプレゼンテーションをそれぞれ 4 回行います。学生は、できるだけ多くのチームを回り、自分がやりたいプロジェクトを探していきます（図 2.6）。すべてのチームを回ることができないことから、学生は手分けして情報交換をしています。

プレゼンテーション合戦は、プロジェクト学習の対象である 3 年生だけでなく、1 年生や 2 年生も見学できます。プロジェクト学習の OB・OG である 4 年生や院生がプレゼンテーションを手伝い、魅力を伝えることもあります。

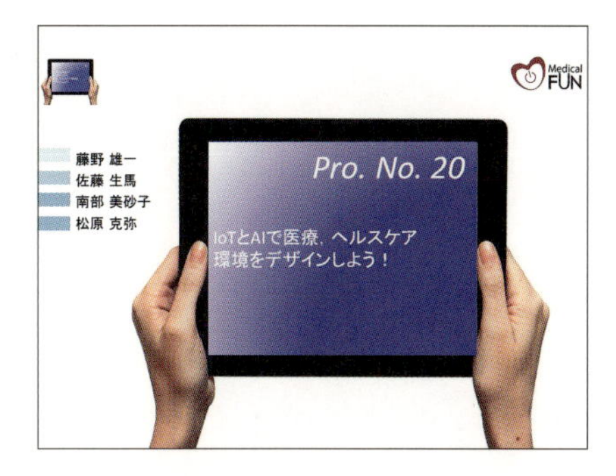

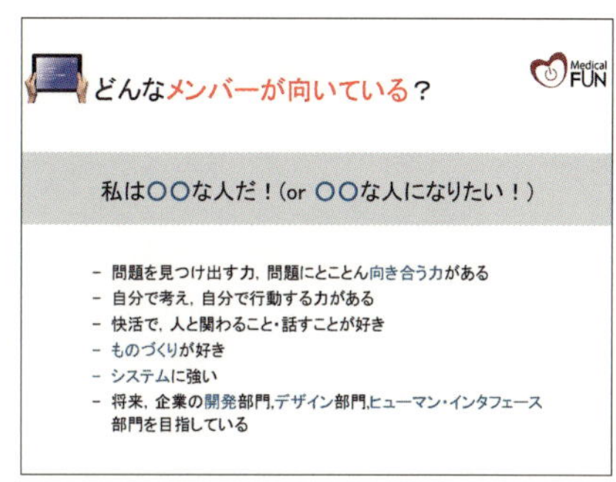

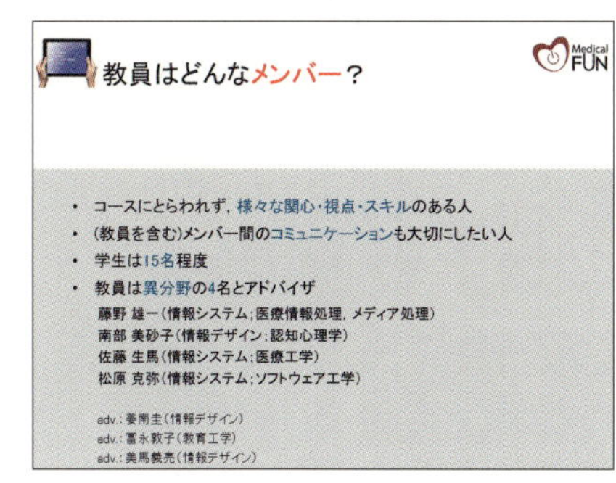

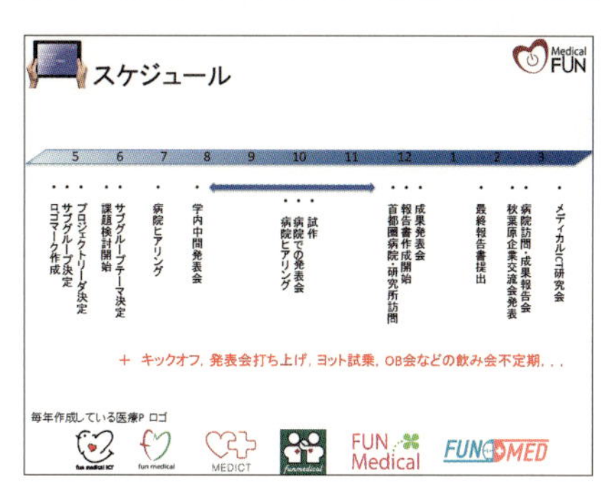

図 2.5 プレゼンテーション合戦のスライド

図 2.6　プレゼンテーション合戦

2.3.3 チーム配属

プレゼンテーション合戦終了後、1 週間程度のプロジェクト訪問期間が設けられます。この期間に、学生は興味のあるプロジェクトの教員と面談を行い、希望プロジェクトを絞り込みます。そして、学内ネットを使った希望調査に、第 1 希望、第 2 希望、第 3 希望のプロジェクトを回答します。回答結果は集計され、各プロジェクトの希望者数が学内ネットにリアルタイムで表示されます（図 2.7）。学生はその状況を見ながら、希望プロジェクトを締切り時まで変更することができます。最終的にはプロジェクト学習 WG が人数調整を行い、第 3 希望までのプロジェクトに学生全員が配属されます。

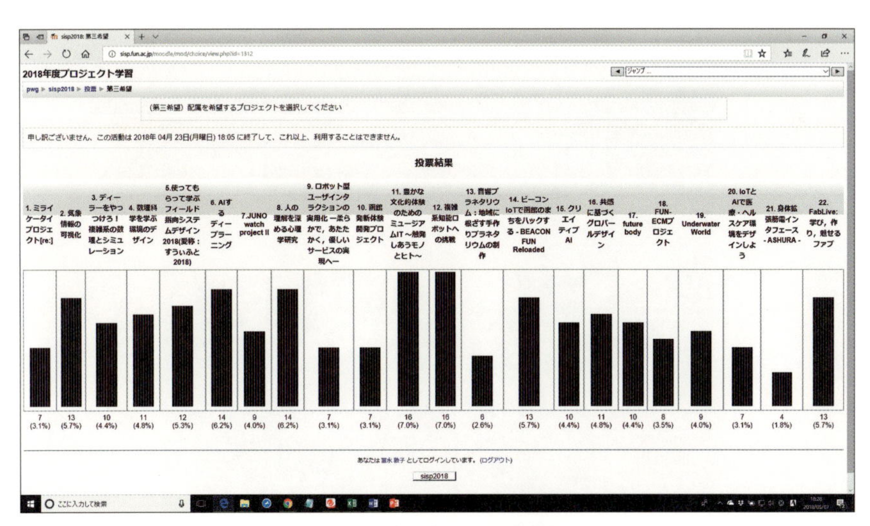

図 2.7 プロジェクト希望状況

2.3.4　リーダー選び

5月初旬、各チームに分かれてのプロジェクト学習が始まります。多くのチームが最初に行うのがリーダー選びです。リーダー選びの方法には自薦・他薦、話合い、多数決等がありますが、学生自身がリーダー選びの方法を決め、その方法に従ってリーダーを選びます。

なかには、教員のアドバイスに従い、1～2ヵ月はリーダーを決めないチームもあります。その間は、学生が毎回交代で、進行役を務めます。全員が進行役を務めたところで、リーダーを選びます。それぞれの進行の仕方から、誰がリーダーに向いているかがわかるので、メンバーが納得できるリーダーを選ぶことができます（図2.8）。

チームの人数が多い場合は、チームの中で複数の班に分かれることがありま

図2.8　テーマについて全員でディスカッション。リーダーが進行役

図 2.9　5 人の小班に分かれてアイデア出し

す。たとえば、テーマごとに分かれる場合もありますし、担当する作業別（プログラミング班、デザイン班、広報班など）に班を作る場合もあります。複数の班に分かれる場合は、班のリーダーをそれぞれ選びます（図 2.9）。

2.3.5　活動の基本ルール

全チーム共通の基本ルールは以下のとおりです。

・活動時間は週 2 回合計 6 時間（水曜日・金曜日の 4～5 時限目）。

・必ず出席する。

・週報を提出する。

基本ルール以外の進め方は、それぞれのチームに任されます。扱う課題はプロジェクトによって異なるので、具体的な活動内容や進め方もチームによって当然違ってきます。学生たちは、それぞれのやり方で問題を探し、解決すべき課題を絞り込み、実現可能な目標を設定し、その目標を達成するための活動計画を立て、実行していきます。

活動の中で、教員はファシリテーターとしての役割を担います。ファシリテーターの介入には、指示的な介入、参加的な介入、放任的な介入があります[2]。

指示的な介入：ファシリテーターが意図する方向に向かうように、学生に対して指示を与えます。失敗する可能性が低く、効率的ですが、学習者の気持ちを無視したり、思考や気づきのチャンスを封じたりする可能性もあります。

参加的な介入：学習者にすぐに正解や指示を与えるのではなく、質問・指摘・示唆などを行いながら、ともに考えていきます。

放任的な介入：特に何もせずに、学習者の活動を見守ります。学習者が深く思索したり、学習者同士で意見交換をするなど、より内省的・自発的営みが期待できます。

プロジェクト学習では、活動の状況や段階によって介入の仕方が変わります。教員は学生の状況を見ながら、指示的な介入、参加的な介入、放任的な介入を適宜使い分けます（図2.10、図2.11）。

2.3.6　中間発表会・中間報告書

未来大のプロジェクト学習では、報告フェーズも重視しています。7月中旬に中間発表会、12月中旬に最終成果発表会を行います。

中間発表会では、前期に行った問題発見のための活動について報告します。発表内容は、問題の背景、どのような問題を発見したのか、なぜ問題なのか、後期の活動目標、今後の計画などです。A1サイズのポスターを作成するだけ

図 2.10　作業の様子を後ろから見守る

図 2.11　ディスカッションの内容にコメントする

図 2.12　中間発表会。学内全体を使ってポスターセッションを行う

でなく、スライドを使った口頭発表を行うチームもあります。

中間発表会は、教員によるプレゼンテーション合戦と同じポスターセッション形式で行われます（図 2.12）。1 回の発表および質疑応答は 15〜20 分、発表者を交代しながら進行していきます。聴衆は、他プロジェクトの学生、他学年の学生、未来大教職員が中心ですが、学外者、たとえば他大学の教職員、中学校・高校の教員、関連企業、近隣の中学生・高校生も多く参加します。聴衆には、評価シートが渡されます。発表内容や発表技術について採点してもらい、コメントを書いてもらいます。自分たちのプロジェクトの活動についてさまざまな意見をもらい、また他のプロジェクトの状況を知ることが、今後のプロジェクトの進行に役立ちます。

中間発表会終了後に、中間報告書を作成します。報告書は、チームの活動内容、自己評価、相互評価から構成されます。

・チームの活動内容：活動の背景、課題、目的、課題解決のプロセス、成果、成果に対する評価、今後の計画等を記述する。

・自己評価：メンバー個人の学びの振り返り。プロジェクト学習に参加するにあたり、どのような目標をもち、どのように活動し、何を得たのかを記述する。
・相互評価：メンバー同士で、活動への参加状況やチームへの貢献等について互いにコメントする。

2.3.7　最終成果発表会・最終報告書

最終成果発表会は、1 年間の活動の総まとめです。前期で発見した問題を解決するために、何をどのように行い、どのような成果を得たのかを中心に発表し、聴衆に評価してもらうことを目的としています。発表形式は、中間発表会と同じく、ポスターセッションです。中間発表会ではポスターとスライドによる発表が中心でしたが、最終成果発表会では、実際に作成したアプリやシステム、機器類によるデモンストレーションも行われます（図 2.13）。

中間のときと同様に、発表会後に最終報告書を作成します。最終報告書の構成も中間報告書と基本的には同じですが、チームの活動内容によって変更できます。

学内での発表会以外に、秋葉原や札幌でも発表会を行っています。学外の発表会は、全チームが対象ではなく希望チームのみです。毎年、10～15 チーム程度が発表しています。聴衆は企業関係者が大半で、年々来場者が増えています。また、自治体や企業等に協力してもらったチームは、先方に赴き、活動報告を行っています。

図 2.13　最終成果発表会

2.4　21 世紀型スキルの育成

未来大のプロジェクト学習において、どのような知識・技能、行動・態度が育成されるかを質問紙法により調査しました[3]。ここでは、その結果を紹介します。

質問項目は、21 世紀型スキルをもとに作成しました。21 世紀型スキルとは、国際団体 ATC21s[4] が提唱しているもので、デジタル時代に必要とされる能力と言われています。表 2.3 のように、21 世紀型スキルでは、10 個のスキルを 4 つのカテゴリ（思考の方法、働く方法、働くためのツール、世界の中で生きる）に分類しています。

グリフィン（Patrick Griffin）らは、その著書[4] の中でこれらのスキルを規定する具体的な記述 211 項目を挙げています（これを「操作的定義」といいます）。未来大の調査では、この 211 項目の中からプロジェクト学習に関連するものを抽出し、学生に理解しやすい文言に修正し、質問項目としました。た

表 2.3　21 世紀型スキル

カテゴリ	スキル
思考の方法	1. 創造性とイノベーション
	2. 批判的思考、問題解決、意思決定
	3. 学び方の学習、メタ認知
働く方法	4. コミュニケーション
	5. コラボレーション（チームワーク）
働くためのツール	6. 情報リテラシー
	7. ICT リテラシー
世界の中で生きる	8. 地域とグローバルのよい市民であること（シチズンシップ）
	9. 人生とキャリア発達
	10. 個人の責任と社会的責任

4) ATC21s の正式名称は「21 世紀型スキルの学びと評価プロジェクト」（Assessment and Teaching of 21st Century Skills Project）。2009 年 1 月にロンドンで開催された「学習とテクノロジの世界フォーラム」において立ち上げられた。オーストラリア、フィンランド、イギリス、米国等が参加している。

とえば、グリフィンらの著書では、「4. コミュニケーション」を規定する項目の一つとして「多様な目的でさまざまな形式の文書を書く能力」という記述が挙げられています。このままでは、学生にはピンとこないので、「読み手や目的に合わせて、正確にわかりやすい文章を書くことができる」という質問項目に修正しました。

このようにして、思考の方法（18 項目）、働く方法（13 項目）、働くためのツール（11 項目）、世界の中で生きる（14 項目）の合計 56 の質問項目を作成し、「プロジェクト学習」の受講生 254 人に回答してもらいました。選択肢は、「できない」「あまりできない」「まあまあできる」「できる」「よくできる」の 5 段階です。プロジェクト学習開始前の 4 月（事前）、中間発表会後の 7 月（中間）、成果発表会後の 12 月（事後）に調査を行いました。4 月と 7 月は「以下の内容についてどのくらいできますか？」と質問し、12 月は「プロジェクト学習に参加したことにより、以下の項目ができるようになりましたか？」と質問することにより、プロジェクト学習の成果を測定しようとしました。

調査データを因子分析した結果、5 因子 29 項目が得られました。因子とは概念を構成するものです。ここでは、スキルが因子に当たります。21 世紀型スキルは 4 つのカテゴリ・10 個のスキルから構成されていましたが、分析の結果、未来大のプロジェクト学習で育成されるスキルは「他者との協働」「自律性」「社会的態度」「リテラシー」「ICT 利活用」から構成されることが示唆されました。

この 5 つのスキルについて説明しましょう。5 つのスキルに関する質問項目については表 2.4 を参照してください。

「他者との協働」とは、チームのメンバーと協力しながら活動していくスキルを指します。メンバーと協働するには、まず相手の話をよく聞き、理解できなければなりません。また、互いに信頼し尊重し合い、それぞれの状況を理解し、支援していくことも必要とされます。このようなスキルが「他者との協働」に含まれます。

表 2.4　因子分析の結果：プロジェクト学習で習得できるスキル

因子	質問項目
他者との協働	グループメンバーと協働することにより、課題を見いだし、解決できる。 さまざまなコミュニケーションの場面において、他者の話を注意深く、忍耐強く、誠実に聞き、正しく理解できる。 グループのメンバーの状況を理解し、支援する。 他人に関心を寄せ、他人を尊重することができる。 他者を信頼し、共感することができる。
自律性	活動を成功させるために必要な努力をする自信がある。 活動の中で壁に直面したり、競争のプレッシャーがあっても、目標の達成に向けてやり抜くことができる。 どのような状況においても意欲的に活動に取り組むことができる。 グループが目指す成果に到達するために優先順位をつけ、計画を立て、運営できる。 活動を粘り強く行うために必要な集中力がある。
社会的態度	自分で行った結果に対して責任を持つことができる。 自分とは異なる意見が提示された際、冷静に分析し、自分の考え方を再考したり修正したりできる。 プライバシーや文化の差異に配慮して、責任をもって注意深くインターネット環境を利用できる。 社会で一般に容認・推進されている行動規範に従って行動できる。
リテラシー	証拠に基づいて意見を述べることができる。 読み手や目的に合わせて、正確にわかりやすい文章を書くことができる。 さまざまな情報源から必要な情報を効率的に探すことができる。 正しい文法・語彙を使って話したり、書いたりできる。 情報を批判的かつ入念に検討し、評価できる。
ICT 利活用	収集した情報を体系的に整理し、活用することができる。 情報を調査・整理・評価・伝達・共有する手段として ICT を利用できる。 守秘業務、プライバシー、知的所有権に配慮しながら、身近な問題を解決するために、正確かつ創造的に ICT を利用できる。

「自律性」は、活動を成功させるために、学習者自身が積極的に自律して活動するスキルを指します。プロジェクト学習では、さまざまな困難が学習者を待ち受けています。どのような状況においても、目標に向かって意欲的に、粘り強く努力し続けるスキルが必要です。

「社会的態度」は、現実社会との接点を意識したプロジェクト学習ならではのスキルです。21 世紀型スキルでは、カテゴリ「世界の中で生きる」の中の

「8. 地域とグローバルのよい市民であること（シチズンシップ）」「10. 個人の責任と社会的責任」のスキルに相当するものです。現実社会と関連したテーマに取り組み、学外の人々と接することにより、社会的態度が養われると考えられます。

「他者との協働」「自律性」「社会的態度」が行動や態度、意識を示しているのに対し、「リテラシー」「ICT 利活用」は活動するための具体的なスキルを示しています。

「リテラシー」は主に読む・書く・聞く・話すといったスキル、「ICT 利活用」は ICT を正しく効率よく、効果的に使いこなすスキルを指しています。いずれもプロジェクト学習を行うのに必要なスキルであり、プロジェクト学習に参加することにより習得できるスキルだと言えます。

調査では、プロジェクト学習開始前の 4 月（事前）、中間発表会後の 7 月（中間）、成果発表会後の 12 月（事後）において各スキルの習得状況がどのように変化するかを検討しました。事前・中間・事後ともに回答した学習者 156 人を対象に分散分析[5] を行ったところ、以下の結果が得られました。

- 「リテラシー」「ICT 利活用」は、事前よりも中間、中間よりも事後のほうが有意に高い。
- 「他者との協働」「自律性」「社会的態度」は、事前と中間には有意な差はない。
- 「他者との協働」「自律性」「社会的態度」は、中間よりも事後のほうが有意に高い。

つまり、「リテラシー」や「ICT 利活用」のような知識・技能はプロジェクト学習の前半で意識され、習得されるようになりますが（図 2.14）、「他者との協働」「自律性」「社会的態度」のように、経験をもとに育まれる行動・態度・意識は 1 年をかけての活動の中で徐々に育まれると考えられます（図 2.15）。

5）統計の分析手法の一つ。複数のグループの平均値に差があるかどうかを調べる。ここでは、事前・中間・事後の平均値に、統計的に意味のある差があるかどうかを調べている。

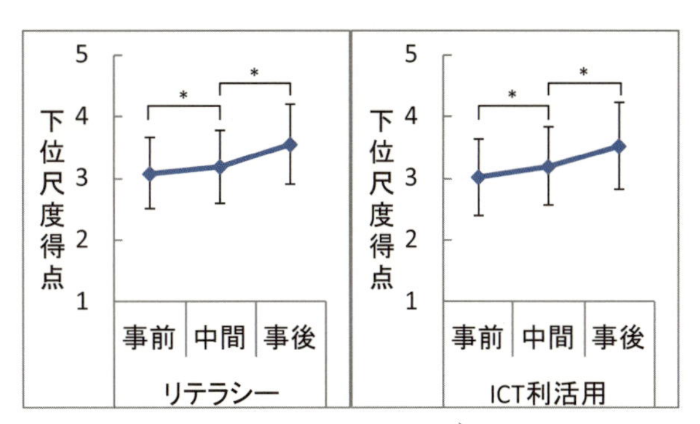

図 2.14　3 時点における下位尺度得点[6] の変化　その 1

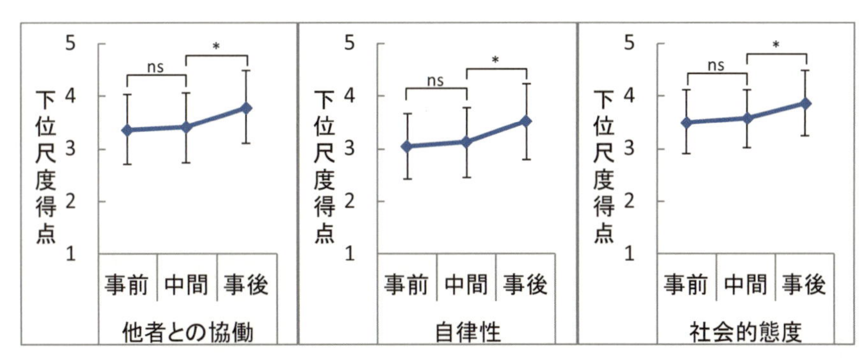

図 2.15　3 時点における下位尺度得点の変化　その 2

6）各因子に含まれる質問項目の平均値を下位尺度得点とした。

参考文献

[1]　公立はこだて未来大学（2017）.『公立はこだて未来大学 2018 大学案内』.
[2]　日本教育工学会監修（2017）. 教育工学選書Ⅱ第14巻『大学授業改善とインストラクショナルデザイン』. ミネルヴァ書房，京都.
[3]　冨永敦子，美馬のゆり（2017）. プロジェクト学習における21世紀型スキルの育成.『日本教育工学会第33回全国大会』643-644.
[4]　Griffin, P., McGaw, B., & Care, E. (Eds.)（2014）. *Assessment and teaching of 21st century skills: Methods and approach*, Springer.（三宅なほみ監訳（2014），『21世紀型スキル――学びと評価の新たなかたち――』. 北大路書房. 京都）.

第3章

プロジェクト学習実践紹介

本章では、プロジェクト学習に長年取り組んでいる未来大教員８名にインタビューしました。そこから、これまでの活動内容やプロジェクト学習を進める上での工夫や注意点について紹介します。

3.1 使ってもらって学ぶフィールド指向システムデザインプロジェクト

伊藤 恵 准教授
情報アーキテクチャ学科
高度 ICT コース、情報システムコース
専門：ソフトウェア工学、教育システム情報学
プロジェクト学習経験 17 年目

3.1.1 現場では何が起こっている？ 現場の問題に取り組もう

通称「すうぃふとプロジェクト」、正式名称「使ってもらって学ぶフィールド指向システムデザイン」、プロジェクト名の「フィールド」とは「現場」のこと。学外の現場に赴き、現場で起こっている問題や要望を知り、それらを解決するためのシステムを開発することがこのプロジェクトの目的です。

通称の「すうぃふと」はプログラミング言語の Swift[1] から取ってきました。「学生の興味を引くように、当時まだ新しかった Swift を通称にしました。Swift は『アマツバメ』の英語名でもあります。飛ぶのがとても速いアマツバメのように、迅速に課題に取り組んでほしいという思いも込めて名付けました。実際には、Swift 以外の言語も使ってシステムを開発しています。」と話すのは担当教員の伊藤 恵先生。

2016 年度、「すうぃふとプロジェクト」は函館市の陣川あさひ町会のため

1）Swift は、Mac や iPhone 向けのアプリケーションを開発するためのプログラミング言語。一般に公開されたのは 2014 年。

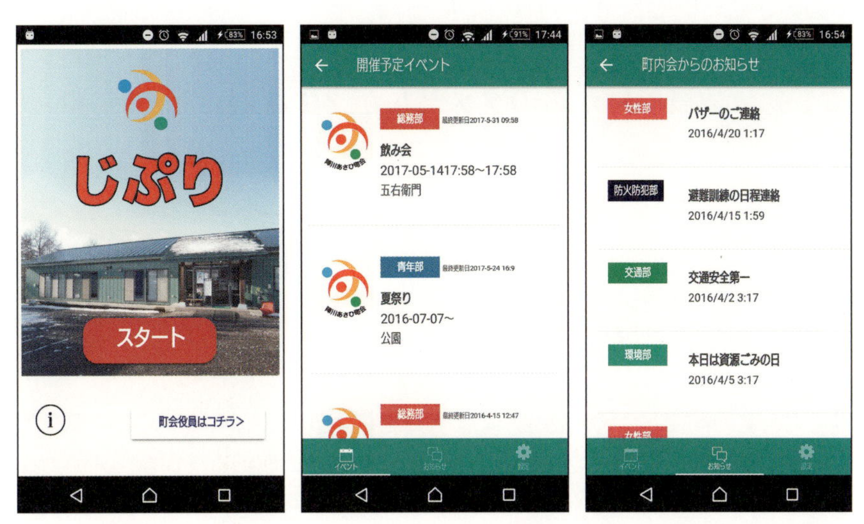

図 3.1　函館市陣川あさひ町会アプリ「じぷり」。イベントの申込みのほか、町内会からのお知らせも閲覧できる。

にスマートフォン（スマホ）アプリ「じぷり」を作成しました。陣川あさひ町会では、納涼祭やウィンターフェスティバルなど、さまざまなイベントを月 1 回以上のペースで積極的に開催しています。しかし、イベントへの参加申込み方法が電話・メール・ファックスと 3 種類もあり、参加者の情報を管理するのに時間がかかっていました。そこで、「すうぃふとプロジェクト」が作成したのが「じぷり」です。「じぷり」では、陣川あさひ町会が開催するイベント情報をスマホで手軽に確認でき、そのまま申し込むことができます。イベント管理者は、参加申込者の一覧をリアルタイムで確認できるだけでなく、イベントの予定が急に変更になった場合でも参加者にすぐに連絡できます。じぷりのおかげで、参加申込み関連の作業を大幅に軽減することができたわけです（図 3.1）。

3.1.2 教員以外からのダメだしが学生を鍛える

「すうぃふとプロジェクト」は、「じぷり」以外にも、保育園の保育士勤務シフト作成支援システムや、認知症予防のための食生活見直し支援システムなど、現場の問題を解決するためのシステム作成に取り組んでいます。これらの活動は、現場でのヒヤリングから始まります。

「まずは、現場のことをよく知ることが大切です。『じぷり』の場合は、陣川あさひ町会を訪問し、陣川あさひ町会とはどのような町会なのか、どのようなイベントを誰がどのように行っているのか、その際の問題点は何か、どのような要望を持っているのか、などを学生がヒヤリングしました。」（伊藤先生）

ヒヤリングの内容を検討し、実現可能な解決策を考え、システム開発に取り組みます。といっても、そう簡単に“使える”システムが完成するわけではありません。数回にわたる町会との打合せ、プロジェクト内の月例レビュー会、学内の中間発表会、他大学との交流会などで、「町民が使う画面か、管理者が使う画面なのかわからない」「予定イベントが見づらい」などの意見をもらいながら、“使える”システムを目指します。

「プロジェクト学習では、学生がよく考えるようになると思います。通常の授業ではあまりそう感じないのですが、プロジェクト学習は特にそう感じます。それは、おそらく教員以外の人がいるから。現場の人やTA[2]、他大学の教員・学生からさまざまな意見をもらいます。教員の言うことがすべてではない。さまざまな意見を聞いた分、考えざるをえない状況になり、彼らなりに考えるようになっているのだと思います。」（伊藤先生）（図3.2、図3.3）

2）ティーチング・アシスタント（TA）のこと。すうぃふとプロジェクトでは、同プロジェクトで学んだ先輩学生が学生のサポート役として参加している。

図 3.2　2017 年度の成果「石別観光アプリ Phoston」を北斗市石別地区住民にお披露目したときの様子

★伊藤 恵先生　一問一答

―プロジェクト学習による学生の学びとは？

「未来大生はプロジェクト学習が終わると化ける」と言われています。さまざまな体験を経て、何かに目覚めるらしいです。それは、一人ひとり違う。計画を立てられるようになる学生もいれば、他者の意見を聞けるようになる学生もいます。一人ひとり違うところがおもしろい。

―プロジェクト学習をやっていて良かったことは？

個人的には、学内・学外でいろいろな人たちと接点ができて楽しいですね。プロジェクト学習の重要なところは、分野の異なる人たちが混ざり合うところです。自分の専門分野では当たり前のことだけれど、分野の異なる人にとっては当たり前ではない。話が通じないこともあります。そういうとき、「どう説明しよう？」と考える。ときには自分の専門に立ち返り、調べ直すこともあります。他の分野の人と協働することにより教員にも学びがあると思います。

図 3.3　「Phoston」は石別の住民だけがよく知る穴場の観光スポットを観光客に紹介するアプリケーション。観光情報は石別の住民から提供されている。今後の展開について住民と意見交換しているところ。

3.2 観光プロジェクト

奥野 拓 准教授
情報アーキテクチャ学科
　　高度ICTコース、情報システムコース
専門：ソフトウェア工学、Webサービス技術
　　プロジェクト学習経験　14年目

3.2.1 観光をテーマにしたプロジェクト学習

「はこぶら」は、2008年12月に函館市が開設した公式観光情報サイトです。市民協働のコンセプトのもと、函館観光・文化活動に関心のある函館市民の口コミによる地元発の情報を掲載しています。

未来大が「はこぶら」と関わるようになったのは、函館市役所からの依頼がきっかけでした。最初は、プロジェクト学習ではなく、高度ICTコースの前身に当たる「実践的IT人材育成講座（寄附講座）」の演習でシステム開発に取り組み、約6ヵ月をかけて学生チームが最初の「はこぶら」を開発しました[3)]。

その最初の「はこぶら」のシステムを用いて改良作業に取り組んだのが2009年度、2010年度のプロジェクト学習です。2009年度は「はこぶらアップデート：市電で行こう」（図3.4）。市電とは函館市の路面電車のこと。函

3）未来大の学生チームが作成した「はこぶら」は3年間運用され、その後、別システムに置き換わっている。

図 3.4　はこぶらアップデート：市電で行こう（出典：2009 年度成果発表会ポスター）

館市民だけでなく、観光客も市電をよく利用します。しかし、現在地から次の観光スポットに行きたいとき、どの市電に乗ればよいのか、どの電停で降りればよいのかがよくわかりません。「市電で行こう」では、行きたい観光スポットを登録すると、観光スポットから観光スポットへと移動するための市電の情報を表示してくれます。

2010 年度は、情報デザインの観点からサイトを見直し、「はこぶらネクストステージ：行きたい場所に出会えるサイト」を構築しました。以前のサイトには多くの観光スポットが表示されていましたが、情報が多すぎてそれぞれの違いがよくわかりませんでした。そこで、観光スポットの情報にメリハリをきかせたデザインに変更することにより、それぞれの観光スポットの特徴をとらえやすくしました。4)

これらのプロジェクト以外でも、未来大では観光をテーマにしたプロジェクト学習が行われています。たとえば、「キーコ紀行」は木古内町観光の思い出

4) はこぶらアップデート、ネクストステージは、実際の「はこぶら」には組み込まれていない。

1
2
3
4
5
6

図 3.5　キーコ紀行

をリーフレットにできるアプリです（図 3.5)。木古内は北海道新幹線の北海道側の玄関口であり、観光産業にも力を入れています。「キーコ紀行」では、観光情報を検索できるだけでなく、観光地で撮影した写真を自分だけの思い出リーフレットとして印刷することができます。

「はこウォーク」は、函館の景観を楽しみながらヘルスケアを行えるウォーキングアプリです。函館市が提供している「健康ウォーキングマップ」から 47 のウォーキングコースを収録しています。所要時間や距離、消費カロリーによってコースを並び替えて表示することができ、希望のコースを選びやすくなっています。函館の観光を健康的に楽しみたい人向けのアプリです。

「キーコ紀行」「はこウォーク」は、iPhone・iPad アプリとして一般向けにもリリースされています。プロジェクト学習終了後も、メンバーの一部は高度 ICT コースの演習に参加し、これらのアプリの改良に引き続き取り組んでいます。

3.2.2　必然性が学生を動かす

未来大生は、1年次からプログラミングなどのソフトウェア開発技術を学んでいますが、本格的なソフトウェア開発の経験は3年次においてはまだありません。また、プロジェクト学習に参加する学生全員が、プログラミングがとても得意で、高い技術力を有しているというわけでもありません。プログラミングに興味があり、ソフトウェア開発をやってみたいが、十分な技術はないので勉強したい、という学生が大半です。自分一人ではなかなかできないから、プロジェクト学習でソフトウェア開発をやってみたい、と言います。では、そのような学生をどのように指導していくのでしょうか。担当の奥野 拓先生に聞きました。

「はこぶらアップデート、ネクストステージの場合は、すでにできあがっている『はこぶら』のシステムがあったので、そのシステムを理解するところから始まりました。まず、Ploneに関する書籍を学生たちに与えました。PloneはWebサイトを構築するための管理システム（CMS[5]）の一つで、『はこぶら』はPloneを使って作られています。通常の授業ではPloneを扱っていないので、学生にとっては未知の内容ですが、Ploneを理解しないことにはシステムのアップデートはできません。学生はPloneの書籍を読みながら、自力で『はこぶら』のプログラムを解析し、理解していきました。」（奥野先生）

新規に開発する場合は、技術習得のために、最初にチュートリアル教材を使った模擬開発演習を行うことがあります。

「ソフトウェア開発の場合は、システムを作るための仕組みの一種としてフレームワークがあります。このフレームワークの使い方を学ぶためのチュートリアル教材は書籍として出版されているものもありますし、インターネットから入手できるものもあります。適切なものがない場合は、こちらで作ることも

5）CMSはContent Management Systemの略

あります。」（奥野先生）

技術の世界では、まずシンプルなものを作り、次に技術的に難しい要素を追加しながら作っていくという手順が一般的になってきています。プロジェクト学習でも同じような手順を用いることができます。まず、チュートリアル教材を使ってシンプルなシステムを作成します。次に、このシステムに新しい要素を付け加えたり、要素を変更したりして目的のものに近づけていきます。

「たとえば、アプリで地図を表示させたいが、どうすればよいかわからない。そこで、学生たちは書籍を読んだり、インターネットで例を調べたりする。そうすると、『地図を表示させるには、こういう仕組みを使えばよい』ということがわかってきます。そういったことを繰り返すことにより、技術の要素が少しずつ積み上がっていきます。それらの技術の要素を組み合わせることにより、作りたいものができあがっていきます。」（奥野先生）

本格的なソフトウェア開発は学生にとって難問だらけで、いきなり応用問題に取り組むようなものですが、取り組まなければならない必然性がそこにはあります。必然性があるからこそ、学生は自分の実力よりも上の課題に取り組もうとします。必然性は、プロジェクト学習にとって欠かせない要素の一つと言えます。

3.2.3　学生に考えさせるためのファシリテーション

システム開発を目的としたプロジェクト学習では技術力も必要ですが、技術力さえあれば活動がうまくいくというわけではありません。

「技術的な話よりも、『何をつくるべきか？　どういう機能があるべきか？　誰にどんな価値を与えるのか？』というレベルの話がプロジェクトのかなりの部分を占めます。私たちが行ってきたプロジェクトでは、教員が最初から明確な目標を与えるのではなく、ややぼんやりしたテーマを掲げます。たとえば、最初から『はこぶら：市電情報検索システムの作成』というように何を作成するのかを与えるのではなく、『はこぶらをベースに、観光客にとって役に立つものを作ろう』というテーマを掲げます。そのテーマの中で、『では、誰のために、どのようなものを作るのか？』ということを具体的に考えさせます。」（奥野先生）

具体的なアイディアを出すために、学生たちはチームを組み、文献を読んだり、調査を行ったりします。しかし、調査結果をもとにしてアイディアを出し、チームの中で詰めていくということに学生は不慣れです。

「話合いは活発で、自分のやりたいことは発言できますが、相手の意見に対してあまり反論しません。声の大きい人、主張の強い人が言ったことに『それでいいです』と賛同してしまう場面もよくあります。これでは、話し合いは深まりません。浅いアイディアのまま、そのうちのどれかを選ぶことになります。」（奥野先生）

そこで必要になるのが教員のファシリテーターとしての役割です。

「学生に全部任せて放っておくだけでは中途半端な状態で終わってしまいます。かといって、上から押さえつけるようなマネジメントは、プロジェクト学習としては違うと思います。最終的に学生も納得のいくような成果を出すためには、ある程度の方向づけも必要です。『このプロジェクトの目的を達成するためにはどうするべきか』『このアイディアでは何がまずいのか』といった問いかけをして、学生が考えるように持っていきます。」（奥野先生）

話合いがうまくいっていなかったり、成果物の出来が悪かったりすると、教員は「ああしなさい、こうしなさい」と指示したくなります。確かに、具体的に指示すれば、成果物は良くなるでしょう。しかし、学生はその指示どおりに行うだけで考えなくなります。指示したくなるのを我慢して、学生に考えさせるようなファシリテーションが必要です。

★奥野 拓先生　一問一答

ープロジェクト学習で必要なことは何ですか？

成功体験も重要ですが、私は失敗体験も必要だと思います。教員が全部お膳立てして、うまくいくことだけを教えてもおそらく何も身につきません。だから、うまくいくかどうかは別として、ある程度自由に活動させておいて、どうしようもなくなったときに方向づけしてあげる。その結果として、最終成果物がとても良いものである必要はないと思います。学生が自分で考え、自分で作成し、納得のいくものができたと思えるかどうかが重要だと思います。

ー社会人になってから経験するようなことをプロジェクト学習は行っています。社会人になってから行うことを大学で行う必要はないという意見もありますが？

プロジェクト学習は、技術やマネジメントを学ぶだけではありません。社会経験をして世の中の仕組みを知ることにより、視野を広げることができます。そういう経験をした学生と、通常の授業しか受けたことがない“純粋培養”の学生とでは大きな違いがあります。就職活動も違ってきます。会社でどういうことをやるのかをおおよそわかってから就職活動をするのと、何も知らないで就職活動をするのとでは違います。そのギャップは大きいと思います。

3.3 ご当地キャラクターデザインプロジェクト

安井 重哉 准教授

情報アーキテクチャ学科 情報デザインコース
専門：ユーザーインタフェースデザイン
プロジェクト学習経験 7年目

3.3.1 「ずーしーほっきー」プロジェクトとは？

北斗市の名産ホッキ寿司をモチーフにした北斗市公式ご当地キャラクター「ずーしーほっきー」（図3.6）は、2013年度のプロジェクト学習から誕生しました。このプロジェクトは、未来大の学生と教員、北斗市民、北斗市の行政が協力して、新しいデザインの枠組みで街の価値を社会に向かって発信しようとしたものです。

北斗市は未来大の設置母体である連合体の一つの市であることから、当初は情報デザインコースの安井重哉先生にデザイン制作の依頼がありました。安井先生は、未来大の教員に就任するまでは、企業でGUIデザイン[6]を手掛けていた経歴があります。依頼を受けた際、大学内で「プロジェクト学習の一環として、学生や市民と共にキャラクターのデザインを進めてはどうか」という声があり、プロジェクト学習のテーマとして取り組むことになりました。[7]

6）GUIとは、グラフィカルユーザインタフェース（Graphical User Interface）の略。図形や画像を用いて情報をわかりやすく提示したり、直感的に操作できるようにする手法。

7）本プロジェクトの実践内容については、以下に掲載されています。
安井重哉，木村健一（2014）．「ずーしーほっきー」のデザインを通した大学と地域の共創．『日本デザイン学会研究発表大会概要集』，61，101．

図 3.6 「ずーしーほっきー」[8)]

3.3.2　調査・分析、そして制作へ

キャラクターを作るからといって、いきなり制作から始まったわけではありません。図 3.7 のように、調査・分析フェーズと制作フェーズに分け、さらにそれぞれのフェーズに複数の課題を設定しました。

まず、調査・分析フェーズの課題 1 では、ご当地キャラクターの人気傾向を把握するために、その当時存在した全国のご当地キャラクター 120 体について調査しました。色・印象・モチーフ・性格・マーケティング方法・SNS の利用状況等の観点から分析した結果、人気キャラクター成立の仮説として「見た目と性格にギャップがある」「SNS を効果的に利用している」「ほかのキャラクターと性格が被らない」の 3 点を導き出しました。分析結果については、北斗市市長にプレゼンテーションを行い、活動の方向性を共有しました。

北斗市のご当地キャラクターを作成するには、地元のことをよく知る必要があります。調査・分析フェーズの課題 2、課題 3 では、地元の人たちと交流し、情報収集する機会を設けました。たとえば、課題 2 では、市の協力を得

8) 北斗市特産のホッキ貝と、道南地域で栽培される米「ふっくりんこ」のホッキ寿司をモチーフにしている。

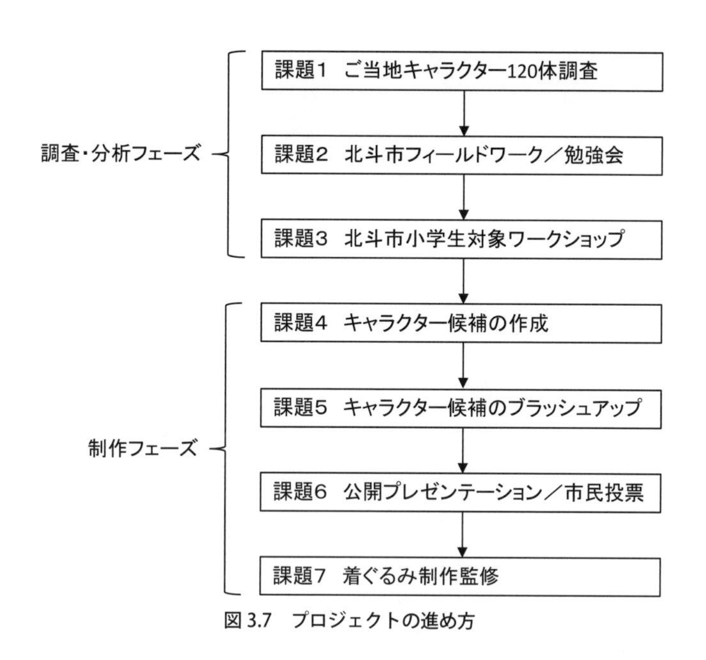

図 3.7　プロジェクトの進め方

て、街の名所や特産品の生産現場を訪れるフィールドワークを実施。生産者や市役所職員から直接話を聞くことにより、北斗市がどのような街なのかを具体的に知ることができました。

課題 3 では、北斗市内の二つの小学校の児童を対象にワークショップを開催しました。このワークショップの目的は、児童と一緒にキャラクターをデザインすることにより、児童の目線で地元を象徴するモチーフを見つけることです。

「どういう流れならば、子どもたちがアイディアを出しやすいのかという点に留意して、学生たちがワークショップのプロトタイプを作り込みました。15 分刻みのタイムテーブルを作ったり、子どもたちにかける言葉も随分改善したりして……。ちょっと固めすぎなくらい。」と担当の安井先生。

入念な準備が功を奏し、子どもたちとのコミュニケーションもうまくいき、

図 3.8　子どもたちとのワークショップの風景[1]

円滑に進行できたといいます（図 3.8）。特に、子どもたちが大喜びしたのがキーホルダーのプレゼントです。

「当日、子どもたちそれぞれが考えたキャラクターを、手書きでアクリル板に描いてオーブンで焼いてキーホルダーに加工してあげたんです。子どもたちが発表している間に、裏でこっそり作ってあげて、サプライズでプレゼントしました。」（安井先生）

子どもたちが喜ぶ顔を目にした、このときの体験が学生たちのモチベーションを高める結果になったようです。

「『自分たちがデザインするキャラクターを待ってくれている人、喜んでくれる人とは誰なんだろう？』という問いに対して、ユーザーの顔が見えた瞬間だった。その後の制作フェーズでも、『これをあの子たちは喜んでくれるだろう

か』というコメントがよく出てきていたので、彼らの心に響いたのだと思います。」（安井先生）

3.3.3　全員参加で動くプロジェクト

制作フェーズでは、まずプロジェクトメンバーの一人ひとりが 5 案ずつキャラクターの原案を描きました。全部で 60 案。情報デザインコース以外のメンバーは、どちらかというと絵は不得意ですが、それでも全員参加です。プロジェクトに参加するメンバーの性格や専門性について「まぜこぜがええやん」というのが安井先生の考えです。

「プロジェクトにはいろんな性格の人がいたほうが良い。ぐいぐい周りを引っ張る学生、どっしり構えて行政との連絡役を務める学生、絵を描ける学生。何を考えているかちょっとわからない学生もいたほうが良い。そこから、不思議なキャラクターが生まれるかもしれないし。」（安井先生）

キャラクターをデザインする段階では、調査・分析フェーズで行ったフィールドワークや小学校でのワークショップの成果が活かされました。子どもたちが描いた北斗市の名所や地元の農作物のモチーフも取り入れ、さらにキャラクター案を修正。そこから、今度は商工会青年部や観光協会関係者によるデザインレビューを経て、最終候補 5 案まで絞り込んでいきました。

公開プレゼンテーションと市民投票の結果、約 9000 票の投票の中から選ばれたのが「ずーしーほっきー」です。デザインが決定した後も、専門業者に委託して着ぐるみを制作したり、キャラクターの名称・デザインの商標登録を行ったり……。学生にとっては、実社会でのモノづくりの工程を知る機会になりました。

★安井重哉先生　一問一答

―学生への介入の仕方はどのようにしていますか？

学生に「どうすればいいんですか？」と聞かれたら、「知らん」と答えます。誰もやったことがないことをしているのだから、教員であっても正解は知らない。作業上の基本的なスキルはもちろん教えますが、自分たちで新しいアイディアを出していくクリエイションのときは、自分で考えるしかない。学生が作ってきたものに対しても、面白くないときは「面白くない」と言います。「何が面白くないんですか？」と言われたら「それは自分で考えよ」と返す。やはり学生に自分自身で考えてほしいです。

―プロジェクト学習で学生は何を学ぶのでしょうか？

２年生までの学習は大学内でやってきたものですが、プロジェクト学習では、実際に世の中に出ていくわけで、自分たちが作っていくモノや物事に対してのリアリティーを学ぶことができると思います。実際にキャラクターを商品化していくと、ステイクホルダーが出てくるが、その中でコンセプトをきちんと伝えていかなければならない。解決が簡単ではないような問題や、世の中から求められている本当の課題が出てきて、それを解決しなくてはいけない。できるかどうかわからなかったこと、それまで経験していなかったことが“できた”と感じてもらったのは確かです。

3.4 函館発新体験開発プロジェクト

柳 英克 教授
情報アーキテクチャ学科 情報デザインコース
専門：情報デザイン、メディアデザイン
　　　プロジェクト学習経験　17年目

3.4.1 身体を動かす・身体で感じるプロジェクト

「函館発新体験開発プロジェクト」（以下、新体験開発プロジェクト）では、子どもたちをメインターゲットに設定し、体験型のコンテンツやワークショップを開発しています。本プロジェクトの担当教員である柳 英克先生は、未来大でプロジェクト学習が始まったときからのメンバーです。これまでに担当したプロジェクトには、地域企業のブランディングや観光用ロボット「IKABO」のデザイン・開発があります。

新体験開発プロジェクトのコンテンツの特徴は、子どもたちが身体を思いきり動かして遊べるところです。たとえば、「O-ra」（図3.9）というコンテンツは、画面の中のあちこちにカラフルな光のボールが落ちてきます。子どもたちは、次々と落ちてくる光のボールをキャッチするために、あっちに飛んだりこっちに腕を伸ばしたりと動き回ります。

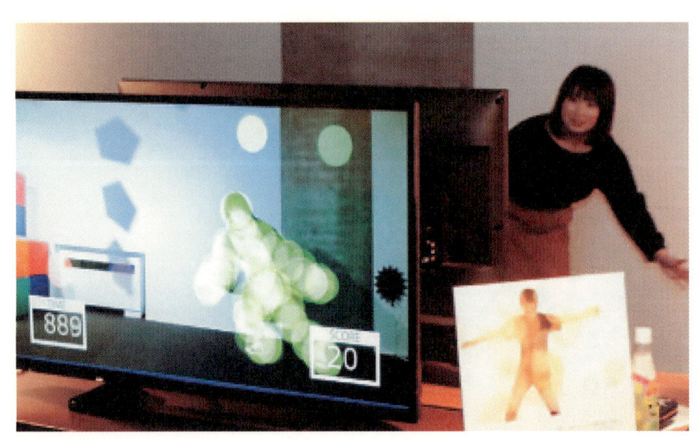

図 3.9 「O-ra」

「多くのデジタルコンテンツは、身体的なフィードバックを伴いません。ほとんどが視覚と聴覚によるものです。私はそういうものが良いとは思わない。子どもは、野山を駆け回るのが一番良いに決まっている。自然の中で走り回って遊ぶように、子ども向けのコンテンツは体を動かす仕掛けが必要。」（柳先生）

コンテンツのアイディアを生み出す際には、どのようなことがポイントになるのでしょうか。

「野山ではどんな体験があるのか？　転んだり、木に登ったり、重くて枝が折れたり……そういうことをデジタルコンテンツに組み換えるとどうなるのだろうか、という視点を持つこと。子どもたちにどういう体験をさせるか、という視点で考える。たとえば、『O-ra』でも、好きな色のボールを取ろうとして、普段しないようなポーズになる。それを見ると『やったね！』と思う。」（柳先生）

新体験開発プロジェクトでは、2016 年 10 月にオープンした「はこだてみらい館」にコンテンツを提供しました。ほかにも、はこだて国際科学祭や札幌

1
2
3
4
5
6

で開催されたビジネスEXPO、松前のお祭りなど、さまざまなイベントでコンテンツを出展し、実際に市民に体験してもらっています。
「施設と未来大の活動が有機的につながることが双方にとってメリットがあり、街にとっても良いことだと思います。街の中に若い学生がどんどん参加して活動すると、街にも活気が出るし、学生にとっても実際の現場で活動できる。そういう有機的なつながりをプロジェクト学習で実現していきたいと思っています。」(柳先生)

3.4.2　「モノの意味の分析」によって学生の理解が深まる

最初のころ、新体験開発プロジェクトでは、世界的に成功している施設やイベントを調べ、その成功の要因を分析するという活動を行っていました。しかし、なかなか深い理解にまで到達できていませんでした。そこで、始めたのが「モノの意味の分析」です。
「たとえば、『可愛い』と評判のものがあったら、『なぜ、それが可愛いのか』をとことん考える。基本的なことなのですが、学生たちは可愛い理由をなかなか言語化できないし、わからない。多くの人は『可愛い』でストップしちゃって、『なぜ、可愛いのか』まで立ち入って考えることをしない。そこをがんばって彼らは考えた。」(柳先生)
毎回30分、「モノの意味の分析」は続きます。分析した結果を発表すると、「まだ見えていないよ」と柳先生。突き詰めて言葉にするのは本当に難しいことです。しかし、このトレーニングの積み重ねが後期に活きてきます。
「後期になって学生たちがすごく弾けたんです。アイディアを検討する際、言語化して議論できるようになりました。情報システムコースの学生は、アイディア出しについていけなかったのですが、後期は彼らもアイディアをいろいろ出せるようになって……情報デザインコースの学生も情報システムコースの

学生もあらゆる場面で参加できるという、とても良い形になりました。」（柳先生）

3.4.3　学生の中に動機が生まれる

新体験開発プロジェクト3年目の2017年度は、最終的に10種類のコンテンツを作成・発表しました。12月の最終成果発表会の直前まで制作を続け、担当教員でさえ当日まで知らされていなかったコンテンツも2点追加できました（図3.10）。

最終成果発表会では、学内のミュージアムで来場者にコンテンツを楽しんでもらいました。たとえば、壁に目がある「へきめきょろた」は、前を人が通ると目玉が追ってくるコンテンツ。人が「へきめきょろた」の正面に立って見つめ返すと、顔を赤らめるユーモラスな仕組みもあります。このコンテンツには、日常の中にある何気ないワクワク感や不思議なことを見過ごさずに目を向けてほしいという学生の思いが込められていました。

ほかにも、ヘッドマウントディスプレイを通して見える夜空に、自分だけの星座を作る「KiraKira」、自分の声のこだまを作る「はこだま」、暗い画面に浮かび上がるカラフルな玉を友人と動かす「Powatto」など、さまざまなコンテンツを楽しむ来場者の歓声や笑い声がミュージアムにあふれています。コンテンツの遊び方を説明する学生たちもとても楽しそう。このように、学生たちが楽しそうにプロジェクト学習に取り組んでいる理由は何でしょうか。

「彼ら自身が気づき、身体的な体験が大事だとわかってきた。わかってきたことは、何か形にしたいと思うじゃないですか。それを自分たちで提案できるようになったことが嬉しいのではないかと思います。課題があって何かを作るのではなく、自分の中に動機が生まれ、それを実現するために『こんなモノがあったらできるんじゃないか』と見えてきたのだと思う。それがすごく楽しい

図 3.10　最終成果発表会

んだと思うんです。」（柳先生）

★柳英克先生　一問一答

―外部関係者との連絡は教員が行うというプロジェクトもありますが……

私はやったことがありません。学生がやるべきだと思っています。「あることを実現するために何をすべきなのか」ということを一つ一つ見つける、それがまさにデザインなんです。社会と関わるためにやらなくてはいけないことを見つけるのも学生の学びです。

―学生にはどのようなコメントをしますか？

私の見方を話します。それは答えを教えるというのではありません。彼らもすごく考えているから、私も自分の考えが言えます。彼らが考える前には言えないです。通常の授業でもそうですが、自分で見つけないとダメ。マニュアル化して、知識として教えても絶対ダメ。主体的な考えができないとダメなんです。アイディア出しや分析も、重ねていくうちに精度の高い分析ができるようになってきます。教員である私の見方とほぼ同じということが出てくると、だんだんと自信を持てるようになります。

3.5 医療プロジェクト

藤野 雄一 教授
情報アーキテクチャ学科 情報システムコース
専門：画像メディア処理、医療情報、遠隔医療、
医療工学、e-Health
プロジェクト学習経験　9 年目

3.5.1 医療現場で ICT ができること

以前は、医療現場での ICT 活用は離島やへき地に限られていました。対象も生活習慣病など限られた診療分野のみ、初診は対面で行わなければならないなど、さまざまな制限がありました。しかし、その後、政府の方針が変わり、今は ICT の技術を積極的に取り入れ、保健医療サービスの質を向上させようとしています[2]。

医療プロジェクトの担当である藤野雄一先生によると、

「私たちのフィールドは、医療ヘルスケアと呼ばれる分野です。医療ヘルスケアの現場では、情報技術や情報デザインによって解決できることが数多くあります。自分たちで情報技術や情報デザインの出番を考えようというのがこのプロジェクトのスタンスです。」

医療 ICT の対象は患者だけではありません。医師・看護師・療法士などの

表 3.1　医療プロジェクト　成果物の例

（プロジェクト学習最終報告書をもとに作成）

年度	対象	成果
2015 年度	認知症患者の家族	会話擬似体験による不安低減アプリ「認知症ポケット」
	ヘルスケアに関心のある人々	UP3 による活動量・睡眠状態・睡眠に対する評価の可視化「WAKE UP」
	新人看護師	新人看護師を対象とした看護記録支援システム「NIAS（Nursing-record Input Assist System）」
	入院中の小児患者	Apple Watch を用いたプレパレーション[9] アプリ「ぷにょぱれーしょん」
2016 年度	グループホームの介護職員	ユマニチュード[10] を取り入れたコミュニケーションができる Pepper アプリ「ゆーまくん」
	初産婦	乳児の育児支援アプリ「WAGAKO」
	高齢者	MCI[11] 早期発見と改善をサポートするアプリ「Mild Care＋I」
2017 年度	リハビリ中の高齢入院患者	リハビリの進捗状況を可視化したシステム「Won-Life」
	医師・療法士	FIM（機能的自立度評価表）によるリハビリ評価の自動入力システム
	小児ぜんそく患者	日々の体調をフェイスマークで入力し、グラフ化する日誌アプリ「スマイリー」
	高齢認知症患者	会話できる IoT ぬいぐるみ「ラズ」

医療従事者や、患者の家族、ヘルスケアに興味・関心のある人々までを含みます。医療プロジェクトにおいても、表 3.1 のようにさまざまな人々を支援するためのシステムやアプリを作成しています。

たとえば、2015 年度に開発した看護記録支援システム「NIAS（Nursing-record Input Assist System)」は、新人看護師を対象としたシステムです。入院患者の体温や血圧などのデータや状態を記録することは、看護師にとって日々行っている重要な業務の一つです。学生たちは、実際に看護師の業務を観察し、ヒヤリングした結果から、新人看護師が看護記録の入力に対して「観察ポイントがわからない」「適切な文章が思い浮かばない」などの問題を抱えていることに気づきました。そこで、新人看護師を対象に、看護記録を支援する

9）プレパレーションとは、保護者や医療関係者が治療や処置・検査について発達段階に合わせて具体的な説明を行うことにより、小児患者に心の準備をさせること。

10）ユマニチュードとは、認知症ケア手法の 1 つ。見る・話す・触れる・立つという 4 つの柱を基本としている。

11）MCI（Mild Cognitive Impairment）とは認知症の前段階のこと。

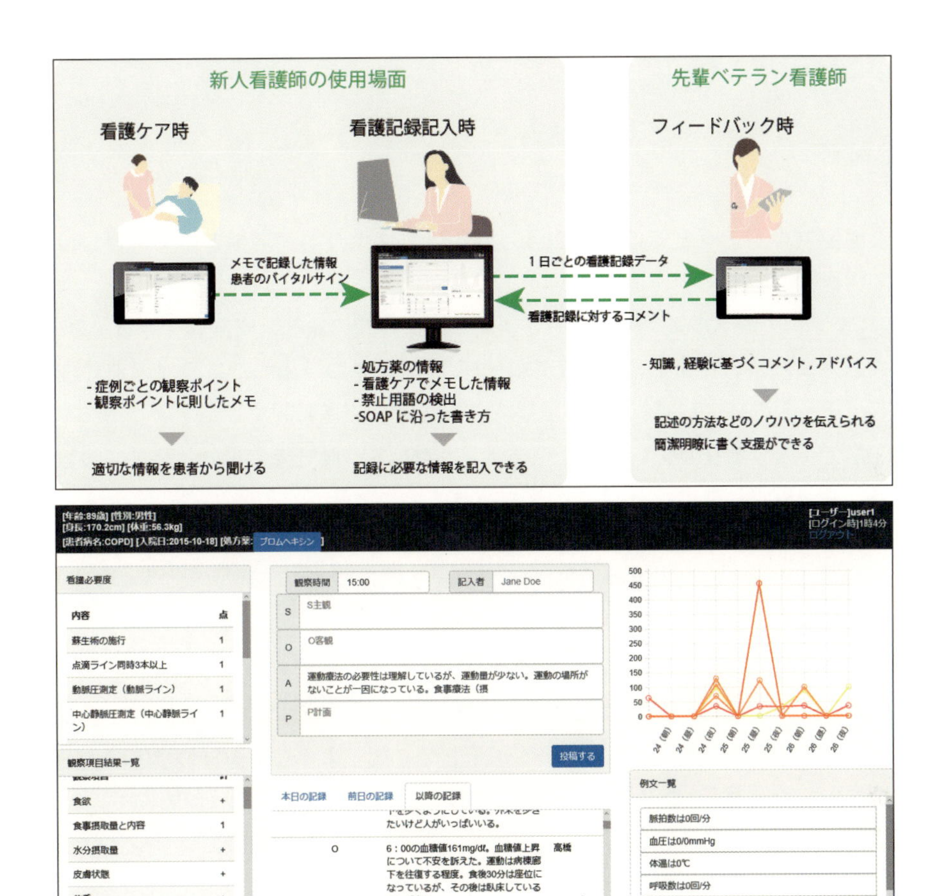

図 3.11　看護記録支援システム「NIAS」

機能（バイタルサイン入力機能、観察項目の簡易的評価機能、禁止用語検出機能、過去の看護記録表示機能、例文のショートカット機能、先輩看護師によるフィードバック機能など）を備えたシステムを開発しました（図 3.11）。

3.5.2　テーマの見つけ方

医療プロジェクトでは、約2ヵ月をかけて学生たちが活動テーマを見つけていきます。

「まず、医療ヘルスケアについて新聞や医療専門の雑誌、研究論文等を読み、さまざまな情報を集めます。その中から課題を見つけ出し、スライドを作成し、チーム内でプレゼンテーションを行います。」（藤野先生）

学生一人ひとりのプレゼンテーションに対して、藤野先生をはじめとする教員たちが質問します。

「なぜ、それが問題なの？　誰にとって問題なの？」

「医者でもない君たちがその問題を解決できるの？」

「看護師さんの仕事を本当にわかっているの？」

初めの頃、教員の厳しい質問に学生はうまく答えられません。

「再度、調べ直してまたプレゼンテーションを行います。これを何回か繰り返し、テーマを深掘りしていきます。そして、同じようなテーマの学生同士で班を作り、KJ法[12]などによりテーマを絞り込んでいきます。」（藤野先生）

文献を調べるだけでなく、学外協力者である病院・介護施設に見学やヒヤリングに行くこともあります。

「医療現場のことをまったく知らないのに、支援すると言われても困ります。私は学生に現場に行くように勧めています。リハビリの進捗状況の可視化システム『Won-Life』を作った班は、高橋病院[13]の理学療法の先生のところに行ってヒヤリングしてきました。小児ぜんそく患者のための日誌アプリ『スマイル』を作った班は、市立函館病院の小児科の先生のところに行き、子どものぜんそくではどのようなケアを行うのかをヒヤリングしました。ヒヤリングの内容をもとに、ぜんそくの子どもがいる家庭では、どのようなICT技術が必要

12）KJ法は文化人類学者の川喜田二郎が考案した発想法。カードを使って多種多様な情報を整理し、課題を見つけ出したり新たなアイデアを生み出したりできる。

13）外来・入院病棟・リハビリ施設のある総合病院。函館で最も歴史のある病院の1つであり、ICT医療の先駆者的存在でもある。

図 3.12　高橋病院での報告会。医療プロジェクトでは、毎年学外協力者向けに報告書を作成し、発表会を行っている。写真中央のスーツ姿の男性が学生、ポスターの内容を看護師さんたちに説明している。

なのかということを検討しました。」（藤野先生）

医療の現場では、思いつきのテーマは許されません。患者、患者の家族、医療従事者にとって本当に役立つものは何か。そのテーマに真摯に向き合うことが求められます。

3.5.3　チームワークの難しさ

プロジェクト学習では、チームのメンバーと協力して課題を解決していかなければなりません。しかし、どのプロジェクト学習のチームも数年に 1 回くらい、チームの活動がうまく進まないことがあります。

「リーダーがうまく機能していないと、メンバーに不満がたまります。リーダーは自薦・他薦によって学生たちが決めますが、どういうわけか、自分からやりたがるリーダーの場合はうまくいかないことが多いです。」（藤野先生）

そういうときは、学生たちにとことん議論させると言います。「チームリーダーをどうするのか、このまま彼・彼女に継続させるのか、新たに選ぶのか、君たちで議論しなさい」と指示するそうです。

「非常に面白い議論です。リーダーとはどういうものか、リーダーシップの取り方についてさまざまな意見が出ます。本当にそこまでリーダーに求めてよいのか、自分たちでやるべきことなのではないか、リーダーだけに責任を負わせるのかという雰囲気にだんだん変わっていきます。」（藤野先生）

未来大では、「技術者倫理」（3年生必修）という授業でリーダーシップ論について学びます。しかし、学んだからといってすぐに実践できるわけではありません。プロジェクト学習という、実践の場で、多少痛い目に遭いながら、他者と議論し、互いに信頼し尊重し合いながら、協働することを学んでいきます。

★藤野雄一先生　一問一答

―プロジェクト学習における学生の学びは何ですか？

経験値を向上させていると思います。学生自身の医療についての経験は、自分が患者であったとき以外ほとんどないはずです。医療から一番遠いところにいるような若い20代の学生たちが、医療の現場でさまざまな人たちと話をする機会はそんなにありません。プロジェクト学習でそういった関係を持つことは非常に大きいと思います。知識だけではないと思います。

―藤野先生にとってプロジェクト学習とは？

教員として、最も力をいれているものの一つです。通常の講義よりも、身近に学生と触れ合える時間が多いですし、学生が成長していくのを間近に見ることができます。私にとってはとても楽しいことです。

3.6 筋電義手プロジェクト

櫻沢 繁 教授
複雑系知能学科 複雑系コース
専門：生物物理学
プロジェクト学習経験 17年目

3.6.1 筋電義手プロジェクトの始まり

筋電義手とは、筋肉を動かすときに生じる電位を計測し作動させる義手を指します。筋電義手プロジェクトが始まったのは2010年度です。

「実は、筋電義手は私の専門というわけではありません。」と話すのは担当の櫻沢 繁先生。櫻沢先生の専門は生物物理学です。筋タンパク質分子の運動メカニズムを解明したり、緊張などの生体信号を取り込んでヒトと機械を結ぶ円滑なインタフェースを開発したりというのが主な研究テーマです。なぜ、筋電義手を作るプロジェクトを始めることになったのでしょうか。

「未来大の環境で学生が取り組める内容で、実習として成立するもの、かつ情報の技術まで身につくものがよいと考えたときに、生体信号は有意義だなと思いつきました。生体信号は、電気信号としてマイコンで計測できます。さらに、マイコンの上位の機械に信号を送って制御することができます。つまり、

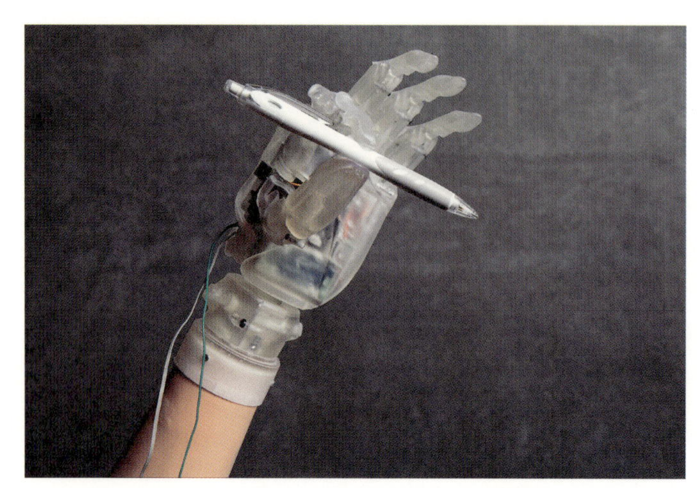

図 3.13　プロジェクト学習で作成した筋電義手

情報系のシステム組込みから制御まで、一通りのことができるわけです。その上、人間の身体という、非常に身近なものを扱うわけですから、面白いだろうなと思いました。」（櫻沢先生）

この筋電義手のテーマ（図 3.13）に、毎年多くの学生が集まります。未来大のプロジェクト学習では、1 チームの人数は最大 15 人と決められていますので、希望者がそれ以上の場合は、学生と面談し、選ばなければなりません。

「選ぶポイントは成績ではありません。『こういうことをやりたい』という明確な意思を持っている学生を選びます。『義手を動かせたら、困っている人は喜んでくれるかもしれない。その喜ぶ顔が見たくてこのプロジェクトに来ました』とか、そんな学生です。」

スタート時点では、専門的な知識や技術は持っていなくても構いません。

「オームの法則さえわかっていればオッケー！ 専門的な知識や技術は、僕たちが最初の 1・2 回目の授業で徹底的に教えますから。それよりも、専門的な知識や技術をどのように社会に役立てていくのか、人のためにどのように貢献できるのかを考えている学生を評価して選びます。」

3.6.2 本物の義手を作る

日本の筋電義手の普及率は、他の先進国に比べて低いことが指摘されています[3]。その要因としては、操作性や機能性、着け心地、重量、メンテナンスなどが挙げられます。2010年に始まった筋電義手プロジェクトでは、これらの問題を解決するために、毎年自作の筋電義手の改良を行ってきました。しかし、改良した筋電義手の性能テストは行ってはいたものの、障がい者に実際に装着してもらって評価をしてもらうようなことは行ってはいませんでした。

「『それをやらなければ意味がない』、と学生たちが言い出したんです。」(櫻沢先生)

「医療プロジェクト」と違い、「筋電義手プロジェクト」は医療従事者等の外部協力者との接点がありませんでした。

「なまはんかな気持ちで僕たちが行ったら、怒られるなと思っていて怖かったんですが、やるしかなくなっちゃって(笑)」(櫻沢先生)

学生たちのやる気に押し切られるような形で、函館にある馬場義肢製作所に飛び込みでお願いしに行ったところ、非常に協力的に接してくださいました。ここから、馬場義肢製作所との連携が始まります。

「社長さんに面談してもらって、僕たちの話を聞いていただきました。社長さんに大学で講演してもらったり、営業所の若い社員さんたちに未来大に来てもらったり、一緒に飲み会をやることもありました。馬場義肢製作所の方々が装着に協力してくださる方を探してくださり、今度はその方も交えて飲み会をやって、というようなことを積み重ねていきました。」(櫻沢先生)

その一方で、学生たちには「自分たちがやりたいと言って始めたことなのだから、他人事ではなく、自分事として責任を持ってやり遂げる覚悟を持つよう

図 3.14 筋電プロジェクト

に。協力者と一心同体になりなさい。」と繰り返し指導しました。

装着してくださった方も装具店の方々も、実はあまり期待していなかったそうです。学生の勉強になるのならばと協力してくださっていました。だから、筋電義手が動いたときには「動くと思わなかった」とビックリしたそうです。

「僕には怖くて絶対に踏み込めない世界でしたが、そこにいやおうなく学生に連れて行かれました。そのことにより、新しく分野が広がっていった。僕自身が学びましたね。」（櫻沢先生）

3.6.3 筋電義手から身体拡張へ

未来大のプロジェクト学習には、「医療プロジェクト」や「ミライケータイプロジェクト」のように、年度を超えて継続しているプロジェクトがあります。「筋電義手プロジェクト」もその一つです（図 3.14）。長年継続されているプロジェクトには安定感がありますが、継続ならではの難しさもあります。

「自分たちが初めてここから作り上げるというとき、学生はむちゃくちゃ頑張って力を発揮します。ところが、前年度の先輩たちが作ったものを引き継ぐとなると、何も考えずに、ただ先輩たちがやったことに乗っかるだけで、何もできなくなってしまいます。」(櫻沢先生)

そういうとき、新しい方向へもっていくのがファシリテーターとしての教員の役目です。

「『自分たちが初めてなんだ』というところを意識させてあげると、結構やる気を出します。学生だけでなく、やはり僕たちも未体験なところを少し広げないといけません。教員が『これでできる』とわかっているような、安心できるところで学生を活動させようとすると、学生は何もしません。僕たちもわからないところに彼らを放り出してやらないといけない。もちろん教員には知識や経験があるので、未体験のところでも対応できますが、それでもそこに彼らを放り出すのには勇気が必要です。」(櫻沢先生)

2016 年度、筋電義手プロジェクトは身体拡張プロジェクト「ASHURA」へとテーマを発展させました。阿修羅像のように、腕が 6 本に増えたら、人間の行動はどのように変わるのかという問いから、ASHURA と名付けられました。生体信号を利用した今までの技術を用いれば、その問いを追究するのも不可能ではありません。

学生向けのテーマプレゼンテーションで「義手だけではなく、生体信号の技術は他にももっといろいろなものに応用できます。この技術を使って、もっと面白いことをやってみましょう！」とアピールしたところ、前年をはるかに上回る数の学生が応募してきました。例年は、知能システムコースや複雑系コースの学生が中心ですが、このときは情報デザインコースの学生も多数応募しました。

この ASHURA プロジェクトで生まれたのが“翼”です（図 3.15)。僧帽筋の筋電位を計測し、Arduino により翼の開閉動作や前後動作を制御します。肩

図 3.15　翼

の筋肉に力を入れるとバサバサ、バサーッと自動的に翼が広がり、力を抜くとバサンッと閉じるように設計されています。実際に翼を動かすと、空気抵抗や振動を感じ、自分の翼により空気をつかむような感覚を得られると言います。ただし、肩の筋肉の動かしやすさは個人差があり、力を入れているつもりはないのに翼が動いてしまう人もいました。まだまだ改良の余地はありそうです。今までやってきたことに新しいことを追加したり改善したり、あるいは新たな概念を広げていく、そんなテーマが学生を引きつけます。

★櫻沢 繁先生　一問一答

―プロジェクト学習では、学生に何を学んでほしいですか？

プロジェクト学習では、学生自身が責任を持って何かを形にしていきます。その際、チームでさまざまなことを決断しないといけません。複数のメンバーでその決断をしてまとめていく、その“難しさ”をしっかり学んでほしいと思います。学生たちもそこが一番辛いところですが、そこをくぐり抜けてほしい。

―教員の負担はどうですか？

研究テーマが一つ増えるのと同じなので、負担は大きいと思います。正直ツライです。しかし、自分もプロジェクト学習の中に入り込んで楽しむぐらいの勢いがあれば、やっていけると思います。自分も学生になったような気分で、楽しむことができればよいと思います。

3.7 ミライケータイプロジェクト

白石 陽 教授
情報アーキテクチャ学科 情報システムコース
専門：データベース、センサネットワーク、
　　地理情報システム
　　プロジェクト学習経験　10年目

3.7.1 課題創出型プロジェクト

「すうぃふとプロジェクト」（p.58）や医療プロジェクト（p.83）が問題解決型のプロジェクトであるのに対し、「ミライケータイプロジェクト」は課題創出型のプロジェクトと言えます（表3.2）。担当の白石 陽先生によると、

「今より少し先のことを考えて、どういうものがあるとよいのかを企画し、作成します。作成するだけでなく、ビジネスモデルも考えます。どのような市場があって、その市場でどうしたらサービスが広がり、最終的にどのように収益につながるのかを検討します。」

「ミライケータイプロジェクト」では、スマホ・タブレット・ウェアラブルデバイスなどのモバイル機器を使ったサービスを考え、提案します。具体的には、以下の五つのプロセスを設定しています。

1）企画：本プロジェクトで開発するアプリケーションを提案する。

表 3.2 「ミライケータイプロジェクト」成果物の例

（プロジェクト学習最終報告書をもとに作成）

年度	参加大学	成果物
2014 年度	はこだて未来大学 神奈川工科大学 長崎大学	Cool Japanimation 日本アニメ好きの外国人オタクを対象としたアプリケーション。アニメイベントのツアーを作成したり、ツアーを楽しむための機能を提供する。 Rhyth/Walk スマホのセンサ等を用いて、ユーザーの周囲の環境情報（場所・天候・歩くテンポなど）を取得し、その状況にあった音楽を自動で選んで再生する。
2015 年度	はこだて未来大学 専修大学 神奈川工科大学 長崎大学 法政大学	クルちゃん 車いすや乳母車を使っているユーザーに、快適な経路を案内するアプリケーション。スマホにより段差や砂利道など路面情報を提供する。 Tourity＋ 観光地での感想を観光客同士が共有するアプリケーション。観光客が投稿した情報が AR（Augmented Reality：拡張現実）で参照できる。
2016 年度	はこだて未来大学 専修大学 神奈川工科大学 法政大学	Motion Share 人間の動きによりデータ交換を行うアプリケーション。スマホ、またはリストバンド型デバイスを装着し、ハイタッチや握手をすると、写真やスケジュールデータなどが送受信される。 RecoReco 録音した会話を文字化する際、会話の盛り上がりや感情の起伏を表現するアプリケーション Revive Seat カフェの空席情報を提供する、シェアリングエコノミーサービスのためのアプリケーション
2017 年度	はこだて未来大学 専修大学 神奈川工科大学 法政大学	まっぴん ユーザーの位置情報をもとに、その場所に適した買い物情報等を取得できるアプリケーション Mono-Chika 消費者が欲しい商品の在庫がある店舗を検索できるアプリケーション。在庫の取り置きができる商品予約機能もある。 Disaster kit 災害直後、通信基地局が復旧するまでの間、スマホ同士でアドホック通信を行い、安否確認や避難所確認を可能にするアプリケーション。

2）設計：アプリケーションの仕様を定義する。
3）開発：仕様に従い、アプリケーションを開発する。
4）テスト：開発したアプリケーションが仕様どおりに動作するかを確認する。
5）ビジネスモデル作成：市場分析の結果をもとに、どのような場面でアプリケーションを利用できるのか、どのように利益を得られるのかを検討し、収支予測を立てる。

「就職してソフトウェア開発に携わるようになる学生は多くいますが、市場調査から始まり、ニーズを発掘して、企画・設計・開発・テスト・納品・運用まですべてに関わることはほとんどないと思います。プロジェクト学習の期間では運用まではさすがにできませんが、イメージとしてはサービスの企画から運用まで、すべての過程に携わってほしいと思っています。」（白石先生）

3.7.2　他大学と協働するプロジェクト学習

「ミライケータイプロジェクト」の特徴の一つが他大学との協働です。専修大学や神奈川工科大学、法政大学など、函館から遠く離れた大学と協力しながら活動しています。遠隔地間で活動する場合は、コミュニケーション不足が生じやすく、大学間で考え方や作業内容に食い違いが起こることがよくあります。離れた大学同士で、どのようにコミュニケーションをとり、協働していくのかということもミライケータイの課題の一つです。

まず、学生たちが徹底しているのが情報共有です。毎週1回、決まった日時にインターネット電話サービスによるミーティングを行っています。Webカメラを通じてお互いの顔を見ながら話せるので、対面によるミーティングとそれほどの違いはありません。毎週、進捗状況を報告し合い、スケジュールを確認することにより、問題点を早めに見つけだし、対処できるようになりまし

図 3.16　2016 年度合宿「がんばるぞ！」

た。また、企画書や設計書などさまざまなドキュメント類や成果物は、クラウドサービスを用いて共有しています。クラウドサービス上なので、共同編集も可能です。

日頃の情報共有は前述のように ICT を活用することにより行っていますが、新しい商品サービスのコンセプトを決めるためのブレインストーミングは対面による合宿で、1 泊 2 日の時間をかけて行っています。

「参加者は全部で 30～40 人くらい。参加大学の全員が集まって、徹底的に議論してコンセプトを決めれば、『みんなで考えたコンセプトなのだから 1 年間がんばろう！』と思えるようになります。」（白石先生）

合宿では、各大学が 2 案ぐらいを持ち寄り、互いにプレゼンしたり質問しあったりします。そこから、6 案ぐらいに絞り込み、5～6 人のグループに分かれてアイデアを練り上げていきます。グループは各大学の学生が混在しており、まるでカオスのようだと言います。

「学生だけだと、なかなか進まないです。そこで、協力企業の方や OB・OG にファシリテーターをお願いしています。」（白石先生）

3.7.3　OB・OGが再びプロジェクトに参加する

コンセプトを検討し決める際のファシリテーターとして、在学生のTA（ティーチングアシスタント）ではなく、卒業生であるOB・OGが参加するというのも「ミライケータイプロジェクト」の特徴の一つです。かつてのミライケータイプロジェクトメンバーであり、未来大を卒業後、企業に就職したOB・OGたちが毎年多数参加します。

ファシリテーターを依頼するにあたり、白石先生がOB・OGたちによく言うのは「言いすぎないでね」ということ。

「OB・OGはプロジェクト活動の経験もあるし、社会人になってからの経験もあるので、いろいろ言いたくなってしまうようです。でも、あまり言いすぎてしまうと、後輩の学習機会を損ねてしまいます。プロジェクトを進めるにあたり、どういう問題があったかというようなことはある程度話してよいと思いますが、その問題をどのように解決したかまで話してしまうと、後輩たちはそのとおりに動いてしまいます。」（白石先生）

何を言って何を言わないのかをOB・OGたちはよく考えながら、アドバイスしていきます。プロジェクトに関わることにより、OB・OGたちも成長していきます。

「たとえば、ファシリテーションの仕方や学生に対する発言の仕方が変わってきますね。協力企業の方々の影響が大きいようです。」（白石先生）

ミライケータイプロジェクトの合宿には、情報通信関連企業数社が毎年参加しています。技術系の社員だけでなく、企画系や営業系の社員も参加していて、異なる立場からのさまざまなコメントが得られます。

「あるOBが言っていたのですが、協力企業の人のファシリテーションを見て学ぶことがあったと。学生時代はファシリテートしている企業の人の発言をあまり重要だと思わなかったんだけど、OB・OGとして関わってその人の発言を聞くと、実はすごく俯瞰して全体のマネジメントや、リーダーの立場を考えて発言しているというのがよくわかったとか。」（白石先生）

後輩たちのプロジェクトに貢献し、自分自身も何かしら成長する。だからこそ、毎年多くのOB・OGが戻ってくるのでしょう。プロジェクトには、多くの人たちを巻き込む力があります。

3.7.4　伝える力を養う

プロジェクト学習では、プレゼンテーションを行う機会が多くあります。たとえば、問題発見のフェーズではチームのメンバーに対して文献などで調べたことを発表しますし、問題解決のフェーズでは問題を解決するためのアイデアを担当教員に対して説明します。中間発表会や最終成果発表会では、他のプロジェクトの学生や教員に対して、自分たちの成果をわかりやすく発表しなければなりません。ミライケータイプロジェクトは、さらに他大学の学生や協力企業に対して説明したり、発表したりする機会が多数あります。

「年度の最後に、協力企業に対して成果報告を行います。『自分たちが企画して開発したものを企業に売り込みに行くんだよ』と学生には言っています。」（白石先生）

どうすれば成果物であるアプリケーションの良さをわかってもらえるのか？スライドだけでは伝わらない。デモを行って実際に動いているところを見せる？　しかし、デモだけでは現実場面で便利に使えるという面白さがなかなか伝わらない。さて、どうしたものか？

そこで、学生たちが作成したのがプロモーションビデオです。たとえば、人間の動きによりデータ交換を行う「Motion Share」の場合は、ビジネスシーンや友人とのプライベートシーンで「Motion Share」をどのように利用できるのかを2分30秒のビデオにまとめました（図3.17）。ナレーションはなし、軽快な音楽と利用者の笑顔が「Motion Share」の楽しさを表しています。

「プロジェクトに本学の教員や学生だけでなく、他大学の学生や協力企業の人がいると、相手に『伝えたい』『わかってもらいたい』という意識やそのための工夫が生まれるようです。たとえば、文系の大学の学生に『未来大の学生が言っている言葉は全然わからないっ！』と言われてしまったことがあったのですが、そのときは『じゃあ、用語辞典を作ろう』という話に自然となりました。」（白石先生）

情報系の専門用語とその意味を書いた「理系単語リスト」を作成し、ネット上で共有する。小さなことかもしれませんが、知識や経験の異なる人たちと協働していくためには必要なことだと言えます。

★白石 陽先生　一問一答

―プロジェクト学習での教員の役割は？

場を提供すること。良い場があれば、何も言わなくても、学生は自主的にいろいろ考え始めます。理系単語リストはすごく良いと思うし、プロモーションビデオもどんどん作ればよいと思います。最終的には、教員が何も言わなくなるのが理想だと思っています。

ただし、「ちゃんと見ているよ」というメッセージを伝えるのは大切だと思います。要所要所は押さえておかないと、どこに行くかわからない。でも、そのポイントが難しいですね。こっちが要所だと思っていても、学生は要所だと思っていなかったりしますしね。

―成功するプロジェクト学習とは？

何をもってプロジェクトの成功とするのかは難しいです。プロダクトができ

スマホで写真撮影

リストバンド型デバイスを
装着した手でハイタッチ！

みんなのスマホに写真が！

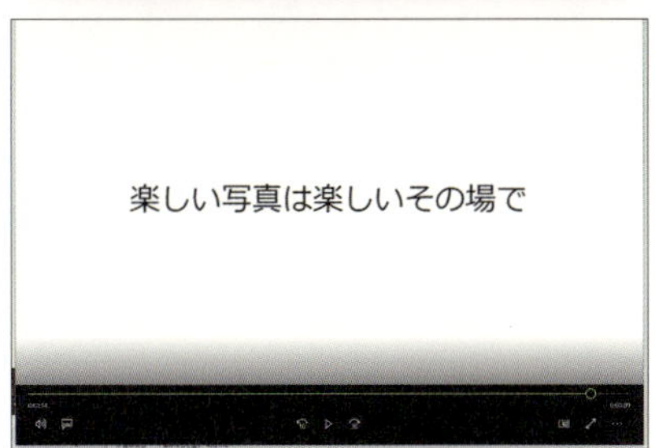

エンドロール

図 3.17 「Motion Share」プロモーションビデオの一部

たかどうかではないんですよね。学生それぞれが達成感を持てたとか、うまくいかなかったところもあったけれど、こういうところはうまくできた、とか。

次の一歩を踏み出すときに、プロジェクト学習での経験を活かしてくれればよいと思います。教員としては、学生が今後いろいろな道に行くときに、何かしらの糧になっていることが一番うれしい。それは成功体験よりも、むしろ失敗体験かもしれない。それも失敗しただけではダメで、失敗したときに自分たちがどのように考えて、どのように解決しようとしたのかということがおそらく大事なのだと思います。

解決しようとして、また失敗するわけですよね。解決するなんてそうそうないと思います。学生も教員も一生の問いじゃないかな。

1
2
3
4
5
6

3.8 Q&A―初心者の疑問

美馬 義亮 教授
情報アーキテクチャ学科 情報デザインコース
専門：インタラクティブ・システム、芸術情報
　　　プロジェクト学習経験　17 年目

美馬義亮先生は未来大建学の設立メンバーの一人です。プロジェクト学習を導入することは、建学構想の中にすでに含まれていたと言います。

「未来大を作ったときに、今までの高等教育へのアンチテーゼみたいなものがありました。授業に出てテストに正しく答えて単位をもらったとして、いったいそれが学習者にどのような意味をもたらすのだろうと……」（美馬先生）

学びの意味の理解を前提とした教育があるのではないかと模索し、たどり着いたのがプロジェクト学習です。

「専門的な知識を身につけても、使える場面がないと学んだことが無駄になってしまうようだし、専門家としてのアイデンティティを感じられない。学んだ知識を使って、人から感謝される。人はそういうことに生きがいを感じるものだと考えたのです。プロジェクト学習は、少しずつ異なる技術的背景をもった学生がまとまって、それぞれが学んだ知識を他者のために活かせる、自己のアイデンティティが感じられる場として設計したのです。」（美馬先生）

美馬先生をはじめ、初期の頃から未来大でプロジェクト学習に取り組んでいる教員には暗黙知が蓄積されていますが、新任の教員にとってプロジェクト学習は通常の授業と異なるところが多く、戸惑うことばかりです。この節では、プロジェクト学習初心者の疑問に美馬先生やほかの先生方に答えてもらいました。

Q. プロジェクト学習としてどのようなテーマが良いのでしょうか？

美馬義亮：自分の問題ではなく、第三者の問題を扱うテーマが良いと思います。第三者の問題ならば、第三者が評価者になりえます。たとえば、「医療プロジェクト」ならば医療従事者や患者さん。「数学プロジェクト」（図 3.18）ならば未来大の 1 年生。教員だけでなく、そういうユーザの立場の人たちからフィードバックがもらえるようなテーマが良いです。

伊藤恵：学生がスキルアップできるテーマにしています。たとえば、すうぃふとプロジェクト（p.58）では、学生が現場に行って、そこで観察したり調査したりして問題点を発見し、その問題点を解決するために活動します。その活動の中で、システム開発の一連の流れ、チームとして活動の仕方、学外の人とのやりとりの仕方などを学び、スキルアップできるようにしています。

藤野雄一：達成感のあるテーマを設定しないと、学生たちのモチベーションが上がりませんし、なかなか進みません。プロジェクト学習は研究ではないので、新規性は求めていません。しかし、すでに存在するものとまったく同じでは面白くない。自分たちなりの新しいものをなるべくなら入れるようにと指導しています。成果物のレベルの高さではなくて、それを作ったという喜びや達成感が重要だと思います。

Q. 教員チームはどうやって組めば良いですか？

美馬義亮：分野が異なる教員同士が組んだほうが良いと思います。分野が異なると、知識やスキル、学習者や対象への立ち位置も当然異なりますし、その結果教育のスタイルも微妙に違います。チームを組むことにより、教員同士が学

図 3.18　数学プロジェクトの成果「ますますたでぃ」。未来大 1 年次必修科目「解析学」の学習を支援するソフトウェア。

べるし、刺激になります。学生にとっても良いです。学生からは、担当教員がそれぞれ違うことを言っているように見えることが多いらしいですが、実は根っこは同じ。そういうことを経験し、理解できるようになります。

Q.　グループワークなので、学生一人ひとりの状況がよくわかりません。学生の状況はどうやって把握していますか？

奥野 拓：グループでディスカッションしているところに行って聞き耳を立てています。近くで学生のやり取りを聞きながら、誰がどのくらい声を出して、どういう話をしていて、誰が引っ張っていて、誰がぶち壊しているかといったことをよく観察しています。プロジェクト学習の学生には、いくつかのタイプがあります。自信はあるけど空回りするタイプ、わかっているけれど言えないタイプなど。観察している間は口は出さず、観察した上で、その学生に合った指導をしようとしています。観察していないとまったくわからないので、観察は必要だと思います。

Q. 予定どおりに作業が進んでいないときや、作業の方向がずれているときなど、ついつい介入したくなります。上手な介入の仕方はありますか？

伊藤 恵：教員が「こうしなさい」「ああしなさい」と強く介入しすぎると、学生はあまり考えずに、教員に言われたとおりに行動してしまいます。それでは、学べる範囲が狭くなってしまう。私の場合は、「こういうほうがいいんじゃない」くらいの柔らかい介入をし、学生に考えてもらうようにしています。考えた結果がこちらの考えと同じでなくても「まあ、そういうやり方もあるかな」と思える程度ならば、学生の考えにまかせます。ひどくズレているようならば、もう一度アドバイスします。柔らかい介入を繰り返し、学生が自分たちで考えて決めていけるようにしています。

奥野 拓：学生は低いレベルで妥協しようとすることがあります。だから、「これで十分」と思っているときは、遠慮せずに丁寧にはっきりと指摘します。逆に、折れそうになっているときは自信をつけさせる。いずれにしても学生をよく観察していないとできません。信頼関係も必要だと思います。そうでないと、踏み込んだ指導はできません。

美馬義亮：学生たちがプロジェクトの進むべき方向を決められないときのために、実行可能なプランをいくつか教員がイメージして心の中に持っておくとよいです。場合によっては、学生たちは目標を求めてさまよい始めることもあります。そんなとき、漂流している学生たちに、教員がもつイメージに基づいて「足場がけ」になりうるヒントを与えると、彼らは方向感覚をとりもどし、自分たちで意思決定できるようになります。

Q. グループの中での作業分担はどうしていますか？

奥野 拓：どんなところでもよいから分担して少しでも自力でやるようにと指導していますが、なかなか難しいところです。本人が逃げているだけではなく、終盤は時間がなくなり、得意な人がやるしかないということもよくありま

1
2
3
4
5
6

すし、チームとしての成果を高めようとすると、得意な人がやったほうが早いということもあります。しかし、プロジェクト学習だからこそ、自分の専門以外のことに取り組んでほしい。プロジェクト学習は何にでも取り組める、何でも経験できる貴重な場です。しかも、ある程度強制されているのでやらざるをえない。ある程度強制された中で自由にできるという点において、プロジェクト学習はとても良い場だと思います。

美馬義亮：「チームの中で、自分だけが持っている役割は何か」を考えさせています。プロジェクトの中のメンバーとしては、自分だけの役割を持つことが本質的です。自分が引き受けたように見える仕事も、他の人がやってくれると思った瞬間、コミット（チームに対して責任を持つと約束すること）から外れてしまうことになります。二人で同じ作業を担当することもありますが、その場合でも作業を分割し、作業の担当を決めるように勧めています。「自分がいないとプロジェクトが進まないんだ」と自覚できるようにすることが大切です。逆に、オーバーコミットメント（のめり込み）にも注意が必要です。他者とバランスがとれないぐらい仕事を背負いこむメンバーもいます。同じ分量の作業負担にすることはできないのですが、自分ができるからといって、多くの仕事が特定メンバーに集まることのないよう指導をしています。

Q. 学外の組織や人々と一緒にプロジェクトの活動を行う際、気をつけていることはありますか？

伊藤 恵：「プロジェクト学習とは何か」ということをよく理解してもらえるように説明を尽くしています。たとえば、「すうぃふとプロジェクト」(p.58) では、最初にプロジェクト学習としての前提を先方に説明しています。たとえば、「教育目的で行う 1 年間のプロジェクトである」「授業の枠組みで行うために、開発日程、品質に問題がある場合がある」「開発費用は原則としてすべて大学が負担するが、開発したものをプロジェクト終了後も継続的に使用する場合、別途費用が掛かる可能性がある」など。プロジェクトの途中でも、わかってもらえていなさそうなときは、繰り返し説明して理解を得られるようにしています。

参考文献

［1］　安井重哉，木村健一（2014）．「ずーしーほっきー」のデザインを通した大学と地域の共創．『日本デザイン学会研究発表大会概要集』，61，101．

［2］　厚生労働省（2016）．平成28年　保健医療分野におけるICT活用推進懇談会　提言書　概要から http://www.mhlw.go.jp/stf/shingi2/0000140201.html

［3］　陳隆明（2012）．筋電義手普及の現状と課題，高位切断者に対する戦略，そして今後の展望．『リハビリテーション医学』，49（1），31-36．

第4章
プロジェクト学習のデザイン

本章では、プロジェクト学習をデザインするにあたって考慮すべきことを説明します。プロジェクトの規模、空間、ツールについても触れていきます。さらにプロジェクトの肝（キモ）となるテーマの設定や評価方法など、17年間のノウハウをお伝えします。

4.1 実施規模と編成

プロジェクト学習を始めるにあたって、一つのプロジェクトに割り当てる教員や学生の人数をどの程度にすれば効果的であるのかについて、ここではお話ししていきましょう。また学生と教員のほか、どのような人たちが関わっているのかも併せて紹介します。

まず 1 プロジェクト当りの学生の人数です。グループ活動や議論を行っていく授業スタイルの場合、12 名程度が効果的であるといわれています。これは、円状に座った場合、お互いの顔が見え、声が聞こえる範囲です。米国の伝統的な寄宿学校や大学で行われているハークネス方式とよばれる教育・学習法があります。ハークネス・テーブルといわれる大きな楕円形のテーブルに学生たちが座り、議論します。これが 12 名なのです。人数が少ないとアイデアや意見が限られ、多すぎると発言せずに、そこに出てきた発言に「ただ乗り」をする学生や、意見を言い出せない学生、議論に集中できない学生が出てきます。

プロジェクト学習では、複数名の教員が一つのプロジェクトを担当することも特徴の一つです。複数の専門が異なる教員が携わることで、異なる視点からのアドバイスができ、活動内容が豊かになります。この人数は、2 名から 4 名程度がよいでしょう。それ以上になると、責任の所在があいまいになります。また一人では、通常の卒業研究のゼミと同様の状況になり、プロジェクト学習の特徴の効果が十分に現れません。

これらを考え合わせると、一つのプロジェクトは、学生 10〜15 名、教員 2〜4 名が理想ということになります。この場合、一つのプロジェクトの中で班に分かれて活動する際には、1 名の教員が 4〜5 名を担当するという規模になり、機動性が高まります。未来大の場合、1 学年が 240 名、教員が 70 名なので、毎年プロジェクト数は 20〜25 になっています。

プロジェクト学習に関わるのはこのほか、テーマによっては学外の協力者、たとえば、企業や行政の人、病院などの専門家、他大学の学生などがいます。また、学内の重要なメンバーとして、大学職員もいます。プロジェクトテーマに関わる学外の協力先を探して紹介したり、必要な備品を調達したり、成果発表会を準備したりなど、プロジェクト学習ワーキンググループ（2.2 参照）の教員たちと連携して、進めていきます。

1
2
3
4
5
6

4.2　空間・設備・ICT

実際にプロジェクト学習の活動を行っていくにあたって、どのような空間で、どのような設備が必要か、特に ICT 環境はどうすればよいでしょうか。

4.2.1　活動する場所の確保

まずは、活動する場所、拠点の確保です。最近は、グループ活動用の教室や、ラーニングコモンズのようなオープンスペースが大学でも増えてきました（図 4.1）。しかし、それがないとできないというわけではありません。

20 数年前、オープンスクールの調査で米国に行った際、古い伝統的な校舎で、進歩主義教育といわれる統合されたカリキュラム（integrated curriculum）を実践している小学校がありました。ここでは学年ごとに、1 年間のテーマが決まっており、すべての科目がそれに関わるように再編成されていました。廊下と教室を隔てる扉が取り払われ、子どもたちが必要に応じて、授業時間中であっても他の部屋との間を行ったり来たりしていました。机と椅子の配置もそれぞれの部屋、用途によって異なっていました。今思い返せば、学校全体がプロジェクト学習を行っている感じです。

ここから言えることは、伝統的な従来型の校舎や教室であっても、こういう学習の内容をこういう活動形態で行いたいという意志、思想があれば、そしてそれを教職員が共有できれば実施できるということです。反対に、オープンスクールの校舎であっても、先進的なグループ学習の設備や教室があっても、その思想を理解し、活動をデザインしなければ、効果的な学習には至りません。

新しいことを始めるとき、困難はつきものです。一斉講義型の教室では、実際に机や椅子を動かしてみましょう。動かせない場合にはそれをどうすればよいか、話し合うきっかけとすることができます。また、同じ教室に他のプロジェクトがいる場合には、互いの活動が見えるので、自分たちの進捗状況と比較したり、活動の進め方を見て学ぶ機会としてとらえることもできます。教室でなくても、どこか占有して使えるスペースがないか、チームで学内を実際に歩いてみるのもよいでしょう（図4.2）。目的をもって学内を歩けば、普段と違う風景が見えてくるでしょう。

美馬・山内[1] は、学びの空間をデザインするために三つのポイントをあげました（p. 199-203）。参考にしてください。

S-1 参加者にとって居心地のよい空間であること

居心地のよさは、学習とは関係がないように見えますが、実は学習の基盤となる「私らしさ（Identity）」の発露と関係があります。人間は自分が受け入れられると感じ、落ち着いていられる空間でないと、安心して考えたり、自分を表現したりすることができません。学習者が自分の居場所として使うことができる「すみっこ」的な場所を配置したり、安心していられるような空間を作ることは、空間のデザインの基本として、考えておく必要があります。

図 4.1　未来大の C&D 教室。活動しやすい人気の教室

図 4.2　学内のいろいろなところが活動場所になる

S-2 必要な情報や物が適切なときに手に入ること

空間は、学習に必要な情報や物が配置される場でもあります。活動に行き詰ったときに、インスピレーションを与えてくれるような他者の作品や、学習の歩みを表した掲示物などがあることは、活動の中で学習を誘発する際に重要な役割を果たします。また、作業に必要な道具や素材がいつでも手に入る工房的な側面も必要になります。

S-3 仲間とのコミュニケーションが容易に行えること

葛藤が含まれた活動の中で、葛藤を打ち破り新しいアイデアを生み出すためには、異質なアイデアとのやり取りが必要不可欠になります。意見が異なる人とじっくり話し合いをしたり、同じ課題で作っているはずなのに、全然違う作品になっているのはなぜかを聞いたりするなど、自分と違う文脈や状況と触れあうことが学習の背景を醸成することになります。

4.2.2　設備やICTについて

近年、ほとんどの学生はスマホを持っています。しかし、共同で活動するプロジェクト学習の場合、それで十分とは言えません。なぜなら、全員で共通の画面を見たり、図や写真、文章を検討する機会が非常に多いからです。各学生がノート型のパソコンを持っていない場合は、共用のパソコン、デスクトップ型のパソコンがある部屋が望ましいでしょう。もちろんこの場合、インターネットへの接続の環境が整っていることは言うまでもありません。また画面を大写しにするプロジェクタとスクリーン、あるいは大型のモニタがあれば、効率よく効果的に話し合いが進みます。こういった機材の使用に普段から慣れておくことが、プレゼンテーションやそのための資料の作成の質の向上につながります。

図 4.3　ホワイトボード、フセンを使ってプロジェクトのロゴを検討

通常プロジェクト学習は、3ヵ月から半年、1年という期間で実施されます。したがって、その間資料を保管できる場所も必要です。拠点となる活動場所に、ロッカーや書棚があるとよいでしょう。毎回持ち歩かなくて済むというだけでなく、資料を散逸させず、メンバーが必要に応じて時間外でもアクセスでき、ふと目にした過去の資料が新たなヒントを与えてくれる場合もあります。

このほか、ホワイトボードとマーカー、掲示を残しておける壁や掲示板、マグネットや画びょうなどもあるとよいでしょう（図 4.3）。ホワイトボードや掲示板に残しておけない場合は、それをデジタルカメラで撮っておくことも有効です。

消耗品としては、模造紙やイーゼルパッド、太さや色の異なるマーカーペン（サインペン）、大きさや色の異なる付箋紙、マスキングテープなどをすぐに利用できるようにそろえておくとよいでしょう。マスキングテープがあれば、掲示板がなくても壁や窓を利用できます（図 4.4）。近年、ワークショップというスタイルの活動が、学校以外の場で行われるようになってきました。そのときに利用しているものを思い浮かべてみることも役立ちます。

資料の保管・共有やスケジュール管理、連絡には、ネット上の無料サービスを効果的に使いましょう。どういったサービスを利用するかは、目的に応じ

図4.4　ガラス壁を使っての検討風景

て、学生たちに話し合って決めてもらいましょう。たとえば、スケジュールを管理する、集めてきた資料や写真を保存する、週報や月報、議事録を残すなどです。連絡や意見交換、メモを共有することも頻繁に出てきます。プロジェクト学習の場合、その記録をしっかり残し、検索できるようにしておくことで、さまざまな場面、たとえば報告書を作成する際にそれらを編集して活用できます。これらのことを予め考慮して、どのようなサービスを利用するかを決める必要があります。日常の友人たちとのやり取りとは目的が異なるということを、プロジェクト開始時に確認しておくとよいでしょう。こまめにメモをとることを習慣づけるよう伝えましょう。

プロジェクトの目標を共有し、チームで活動していく上では、これらの設備や道具を学習環境として適切に配置し、効果的に使えるようデザインすることが必要です。メンバー全員に参加の方法を保証することが、プロジェクトの共同体のライブラリーを作っていくことにつながります。ここでいうライブラリーとは、活動していく中で蓄積されてきたさまざまな資料のことです。それは単なる資料の集積ではなく、チームの歴史であり、チームのアイデンティティを形づくっているものとも言える、重要な資産です。

そのライブラリーを作っていくためにどのような道具を使うかは、参加者たち自身に決めさせるのがよいでしょう。そしてその道具は、活動の内容、場面に応じて容易に変更でき、活動拠点以外からもアクセスできることが重要です。

4.3 テーマの設定

プロジェクト学習は、学生が主体的に行っていくものです。しかしながら、第 1 章で述べたように、ここで考えているのは、会社で行われているようなプロジェクトではなく、大学で単位を認定するプロジェクト「学習」です。したがって、学生が授業の枠組みの中で、どのような活動を通して、何を学ぶのかについて、十分配慮して、デザインする必要があります。2002 年の中央教育審議会の答申でも取り上げられ、現在も議論が続いている「大学の教育の質保証」です。初等中等教育と異なり、指導要領といった標準がないだけに、ここが教員の力量が問われるところです。それでは、その教育が一定の質を満たすことをプロジェクト学習に参加する全教員にどのように求めればよいのでしょうか。

4.3.1 考慮すべきこと

プロジェクト学習を始めるにあたって、テーマ決めは教員にとって、チャレンジングで楽しいところです。何をしようか、誰と組もうか、普段から面白いと思うもの、やってみたいと思うことを、締切りの1ヵ月ぐらい前から考え始めます。

やってみたいけれど一人でやるには忙しすぎる、教員自身学びたいことがあり、実践しながら効率よく同僚の専門家から教えを請いたいなどなど、考えてみればいろいろ出てくることでしょう。それをテーマとして設定することで、学生が食いついてくるとしたらどうでしょう。プロジェクトが始まれば、学生が主体となって進めていくことで、学生のためにもなり、自分のためにもなり、それが社会のためにもなるとしたら、こんなにうれしいことはありません。まずは仲間となる教員を探し、一緒にブレイン・ストーミングをすることから始めましょう。

未来大では現在、教員がテーマを提案する場合、提案書に以下の項目について記述することになっています。このような項目を書くことをルール化しているのは、「そこについて考えてください」とその重要性を示していることになります。また、教員にとっては、その枠組みに従って書いていくことを通じて、そのことについて考える機会になります。これらの項目がプロジェクト学習として成立するための最低の条件なのです。

申請項目

- プロジェクトのタイトル
- 提案者の氏名
- 主として指導する教員名（複数可）
- 助言等のみで参加する教員（複数可）
- プロジェクトの目的（必要に応じて学外協力組織や個人名）
- プロジェクト内の班編成
- 予定される最終成果物のリスト
- 同一班内での学生メンバーの役割リスト

1
2
3
4
5
6

・活動計画と活動に関連した学習対象となるスキル（関連科目名も含む）

第 2 章で具体例（表 2.2）をあげましたが、著者が担当しているプロジェクトの申請時には、上述の項目全体として、1000〜1500 字ほど書いています。

4.3.2　テーマの選び方

テーマ選びに際しては、

・唯一絶対の正解があるわけではないテーマ
・学生が考えていく余地のあるテーマ
・3 ヵ月、半年、1 年などのプロジェクト学習の割り当てられた期間内にある程度の成果が出るようなテーマ
・学生にとって魅力的なテーマ

を設定する必要があります。もちろん、教員自身にとってもワクワクするようなものがよいでしょう。

具体的にテーマをどう設定するかにはいくつかの方法があります。専門的な内容をさらに深めていくための機会とする、地域の抱える課題を解決することに挑戦する、学内あるいは学生自身の抱える課題を解決することに挑戦する、先進的な内容に取り組む、国内外のコンテストに応募するような社会的要請のある課題、前年度から継続している課題などです。

第 1 章で示したように、プロジェクト学習を実践するにあたって、教員はテーマによる総合化を行います。初めに中心となる考え方やテーマを核に据えます。そして、その周りにさまざまな活動を配置していきます。図 1.1 に示したように、テーマを中心に据え、周りにさまざまな活動や関連する科目、知識

や技能などをつなげ、広げていくのです。中心に入るテーマには、環境、食、健康、医療、福祉、観光、歴史、文化、教育などの領域や、現実に存在する課題、たとえば、買い物難民を解決する、目の不自由な子どものための遊具を制作するなどであってもよいでしょう。それらを中心に据え、そこから放射状、あるいは網目状に関係する要素を考えていきます（図 1.1）。

教員によるテーマの設定段階で行うことは、あくまでも教員が最初に予想する、期待することであって、実際にプロジェクトが始まれば、ここに新たなものが加わったり、減ったりなど変化していきます。このアイデア出しのブレイン・ストーミングや、変化への対応が、教員にとってもチャレンジングで醍醐味のある活動なのです。

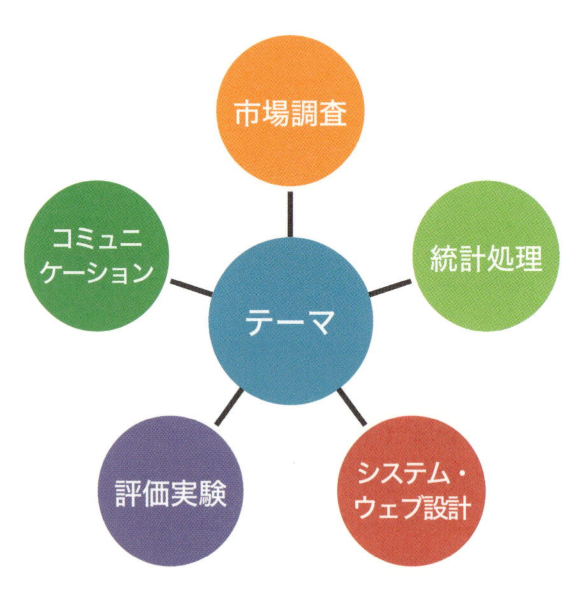

図 1.1　プロジェクト学習のテーマ設定の例（再掲）

4.4 予算

プロジェクト学習を実施するにあたり、大学として予算を確保することが必要になります。通常の教室での講義スタイルとは異なり、必要な備品、消耗品などが出てきます。各組織の状況にもよりますが、学生一人当りの額を決め、全体の予算を確保するとよいでしょう。後述しますが、だからといって各プロジェクトに均等に配分する必要はありません。プロジェクトの内容によって、必要なものが異なるからです。

大学側が提供する共用の機材としては、コピー機やポスター印刷のための大型プリンターがあります。貸し出し用の PC やタブレットも用意しています。このほか、発表会で使う、長机、ポスターフレームは各プロジェクトに三つ、ポスターを掲示するイーゼル、画びょう、ガムテープ、OA タップ、電源リール、ドライバーやカッター、その他文具、プロジェクタやスクリーンなどもあります。これらは、プロジェクト学習 WG が管理しています。

プロジェクトが始まると 1 ヵ月以内に、プロジェクトごとに予算申請を行います。「予算申請フォーム」に記入し、申請します。それをプロジェクト学習 WG が審査し、予算を配分します。たとえば、以下のような予算の申請ができます。

- 外部講師の招へいにかかる費用。
- 学外のアンケートやインタビュー調査、実験参加の謝金。事前に調査・実験計画を提出します。謝礼金を渡す理由も明記します。
- 学生謝金。先輩学生が TA として支援する場合に支払うことができます。
- 備品の購入。購入したものは、プロジェクト学習全体の共用品となります。

以下のような共用できないものは、原則として予算執行の対象となりません。

- 広報に関わる不特定多数への配布を目的とした、印刷物や製作物等の量産。
- 学生が主に個人で消耗する文房具類。
- Tシャツなど、共用が困難なもの。
- 安価な（一冊5000円以下を目安とする）書籍を学生が使用する場合は、教科書と同じ扱いで個人負担となります。
- ただし、軍手など安全確保上必要なものは、予算執行の対象です。

以上のことは、「予算申請に関する諸注意」として、学内で教職員だけでなく、学生にも公開されています。予算執行のルールは、各大学で状況が異なるでしょうから、最初から完全なものとは思わず、毎年様子を見て、必要に応じて改定を行っていくのがよいでしょう。これが独自のノウハウの蓄積につながっていきます。重要なのは、そのルールを決める考え方と、そのルールを公開するということです。そして、一度決めても毎年見直しを行っていきます。

4.5 実施のためのガイドライン

未来大では、学生や教職員に対し、プロジェクト学習について、学内のウェブサイトで公開しています。その中にはプロジェクト学習の目的とその意義、1年間のスケジュールやそれぞれの役割、評価項目なども含まれます。ここには17年間実施してきた中でのノウハウが蓄積されています。

プロジェクト学習の状況や環境は、実施する大学によってはそれぞれ異なります。しかしながら、効率よく効果的に実施するためには、関わる人たちの中で共通理解を持っておくことは重要です。言ってみれば関わる人たちの合意事項です。表 4.1 は未来大のプロジェクト学習のガイドラインを記述した「プロジェクト学習要項」の目次です。ガイドラインに入れるべき項目の参考にしてください。

4.5.1 ガイドラインの内容の例

上述の項目がどの程度詳細に書かれているかの例として、「1.1. プロジェクト学習とは」の中から少し紹介します（表 4.2）。プロジェクト学習は、学生にとってはもちろんのこと、他の職場から移動してきた教職員にとっても、通常の大学の講義とは異なる新しい形式の授業です。そこでまず、ガイドラインの最初に、その目的やルールなどを簡潔に説明しています。このルールでは、さらに詳細に、出席-週報-報告書-発表会について述べています。またこのあとには、「1.1.3. プロジェクトの自主的な運営・管理」や「1.1.4. プロジェクト遂行のための技術」、「1.1.5. プロジェクトが満たすべき要件」などが続きます。

4.5.2 スケジュールの公開

「1.3. スケジュール」では、プロジェクト学習の 1 年間のスケジュールを学内で公開しています。このスケジュールの中に、教員が行うことと学生が行うことが明示されています（図 4.5）。

詳細スケジュールの画面の例 1 として、教員のテーマ決定から、学生の配属、予算申請までを見てみましょう（図 4.6）。提出が必要なものや貸し出す物品などの情報、誰がいつどこで何をするかの情報が書かれています。これが

表 4.1 プロジェクト学習要項：目次

1. 概要
   - 1.1. プロジェクト学習とは
   - 1.2. 学外の関連情報
   - 1.3. スケジュール
   - 1.4. 実施形態
   - 1.5. プロジェクト一覧
   - 1.6. 作業手順
2. プロジェクト WG の作業
   - 2.1. 発表会の準備
   - 2.2. 学生の配属
   - 2.3. 導入ガイダンス －前期－ －テーマ説明会－
   - 2.4. 最終講義
   - 2.5. 提出物および報告事項の確認
   - 2.6. 成績集計
   - 2.7. 機材および予算の管理
   - 2.8. プロジェクト学習 WG メンバー紹介
3. 教員の作業
   - 3.1. 教員の役割
   - 3.2. テーマの提案と－テーマ説明会－
   - 3.3. 週報のチェック
   - 3.4. 報告書のチェック
   - 3.5. 問題点のフィードバック
   - 3.6. 成績評価
4. 学生の作業
   - 4.1. ガイダンスと説明会：前期導入ガイダンス－テーマ説明会－プロジェクト選択
   - 4.2. プロジェクト実行
   - 4.3. 報告書作成
   - 4.4. 週報の執筆
   - 4.5. 発表会
   - 4.6. 提出物および報告事項
5. 事務手続き
   - 5.1. 成果発表に関する諸注意
   - 5.2. 機材
   - 5.3. 予算
   - 5.4. 購入品の管理

表 4.2 「1.1 プロジェクト学習とは」の詳細

1.1. プロジェクト学習とは
1.1.1. プロジェクト学習の目的
- プロジェクト遂行に必要となるルールを学習する。
- プロジェクト遂行に必要となる技術を学習する。
- プロジェクトを自主的に管理・運営する方法を学習する。
- 通常の講義とは異なる多様な学習機会を、履修者に提供する。
- 成果を内外に公表し、大学および地域社会に貢献する。

1.1.2. プロジェクト学習のルール
　大学のカリキュラムの範囲内で、プロジェクト学習に最大の自由度を保証し、かつ最大の効果を得るために、以下に関するルールを設定する。ルールを遵守できない学生には単位の取得を認めない。

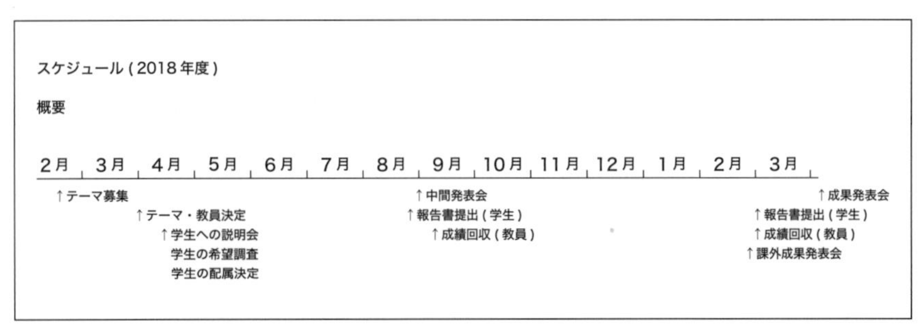

図 4.5　年間スケジュール概要の画面

学生だけでなく教職員にも公開されているので、全体の動きを知ることができます。

詳細スケジュールの画面の例 2 は、7 月に実施する大きな全体イベントである、中間発表会に関することです。中間発表会開催後の作業、前期の活動のまとめの報告書などの提出やそれをチェックすることなどを、学生や教員に知らせています（図 4.7）。

詳細スケジュールの画面の例 3 は、いよいよ最終仕上げの段階です。学外者の見学も多い、未来大の特徴的なイベントの一つである成果発表会開催後の

3月
:　プロジェクト提案テーマ確認 (PWG)
:　プロジェクト責任者の決定 (教員)
:　テーマヒアリング (教員)
:　　PWG がプロジェクト提案者を訪問し，意見交換を行う .
:　教員の役割を確認 (教員)→3.1. 教員の役割
4月
13日　テーマ・担当教員を公開 (PWG)→1.5. プロジェクト一覧
第1回プロジェクト学習 :
場所 : 講堂
時間 : 5 時限のみ
持物 : ノート PC, LAN ケーブル
18日　第2回プロジェクト学習 :
テーマ説明会 (全体)
場所 : スタジオ
対象 : 学生全員・担当教員
プロジェクト配属希望予備調査〆切 (19 時)(学生)
20日　第3回プロジェクト学習 :
プロジェクト訪問 (学生)
学生がプロジェクトの責任者 (教員) を訪問し，
プロジェクトの説明を受ける .→4.1. プロジェクト選択
時間 : 4 時限・5 時限
23日　プロジェクト配属希望調査〆切 (18 時)(学生)
履修登録〆切 (全学)
25日　配属リスト提出 (18 時)(教員)
27日　配属調整作業 (学生・PWG)
時間 : 4・5 時限
※該当者に個別にメール連絡がいくので学生は必ず大学に来ていること .
5月
2日　プロジェクト配属発表 (12 時)(PWG)
第5回プロジェクト学習 (全体)
時間 : 4・5 時限
場所 : 各プロジェクト責任者 (教員) の教員室前
プロジェクト学習を開始する .→1.6. 作業手順
4.2. プロジェクト実行
5月
11日　プロジェクト予算申請 (教員)→5.3. 予算

図 4.6　詳細スケジュール画面例 1

7月
13日　中間発表会 (学生)→4.5. 発表会
場所 :1F スタジオ・3F モール (4 時限～5 時限)
20日　グループ報告書および学習フィードバックシートを担当教員に仮提出 (学生)→4.7. 提出物および報告事項→前期末提出物
注) 提出期限は，担当教員と相談のうえ変更可
報告書のレビュー (教員)→3.4. 報告書のチェック
学習フィードバック (学生，教員)
25日　期末提出物の最終提出期限 (学生)→4.7. 提出物および報告事項→前期末提出物
8月

図 4.7　詳細スケジュール例 2

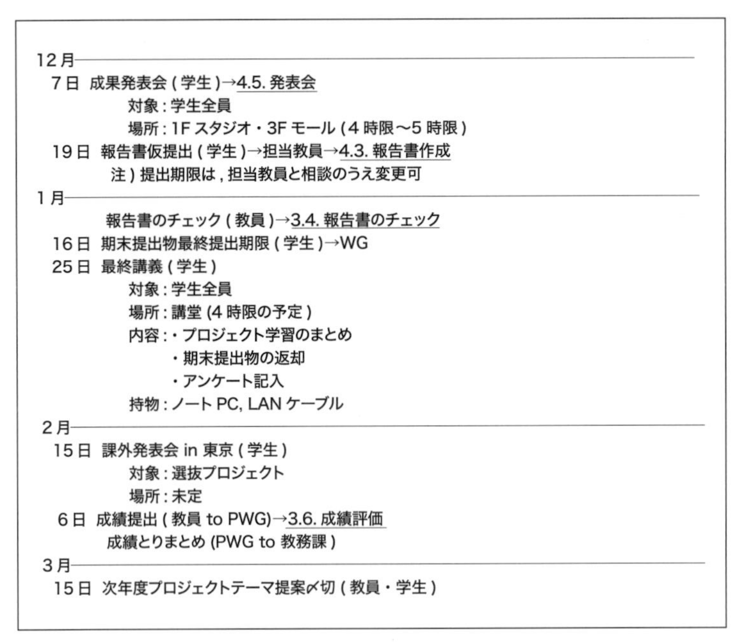

12月
7日　成果発表会（学生）→4.5. 発表会
対象：学生全員
場所：1F スタジオ・3F モール（4時限〜5時限）
19日　報告書仮提出（学生）→担当教員→4.3. 報告書作成
注）提出期限は，担当教員と相談のうえ変更可
1月
報告書のチェック（教員）→3.4. 報告書のチェック
16日　期末提出物最終提出期限（学生）→WG
25日　最終講義（学生）
対象：学生全員
場所：講堂（4時限の予定）
内容：・プロジェクト学習のまとめ
・期末提出物の返却
・アンケート記入
持物：ノート PC, LAN ケーブル
2月
15日　課外発表会 in 東京（学生）
対象：選抜プロジェクト
場所：未定
6日　成績提出（教員 to PWG)→3.6. 成績評価
成績とりまとめ (PWG to 教務課）
3月
15日　次年度プロジェクトテーマ提案〆切（教員・学生）

図 4.8　詳細スケジュール例 3

作業、1年間の活動のまとめの報告書などの提出やそれをチェックすることなどを、学生や教員に知らせています（図 4.8)。そして、2月には東京での発表会。3月は、次の年度のテーマ提案となって、1年のサイクルが回ります。

本章で紹介してきた実施のためのガイドラインは、学生と教職員の合意事項でもあります。プロジェクト学習は、通常の講義とは形式が異なることから、学内のウェブサイトにおけるガイドラインの公開は、そのメンバーたちの誰でもが必要に応じて参照する、立ち戻る原点となるのです。ガイドラインや公開するスケジュールの内容は、一度作ったら終りではなく、毎年改良を重ねていくことが必要です。それが毎年蓄積されていき、必要に応じていつでも参照できる自分たちのライブラリーとなり、歴史を作っていくことにつながっていきます。

4.6 導入ガイダンス

4 月初め、プロジェクト学習 WG は学生全体への導入ガイダンスを実施します。プロジェクト学習という学習形態をまだ経験したことのない学生たちに向けての説明会です。学生にとってチームで問題解決に臨むこと、学外者と出会う授業という初めての経験です。未来大の場合、1 年間という長丁場になりますから、このガイダンスの役割は極めて重要です。

この導入ガイダンスの内容には、以下のものが含まれます（図 4.9）。

・プロジェクト学習に関する情報の所在
・プロジェクト学習の概要：目的、内容、特徴、活動形態、活動内容、意義、他の授業との関係
・教員の役割
・プロジェクト学習 WG の役割
・基本ルール
・プロジェクト学習の具体的な流れ
・プロジェクト選択に関わる内容
・年間スケジュール
・プロジェクトの進行
・その他の情報

4.7 成績評価と学習ポートフォリオ

プロジェクト学習を実践してきた中で、「評価をどのように行うか」という

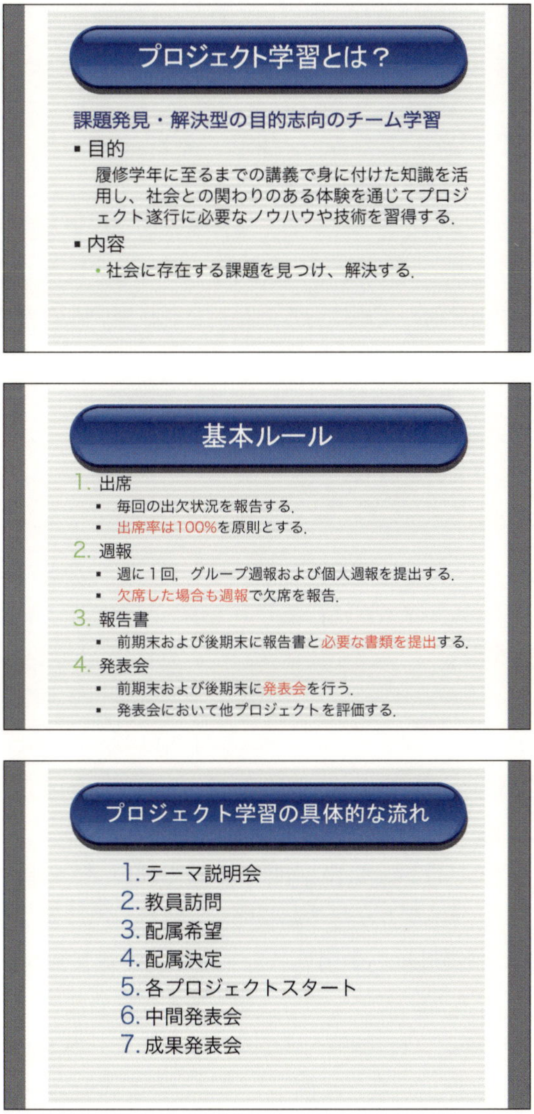

プロジェクト学習とは？

課題発見・解決型の目的志向のチーム学習

- 目的
  履修学年に至るまでの講義で身に付けた知識を活用し、社会との関わりのある体験を通じてプロジェクト遂行に必要なノウハウや技術を習得する．
- 内容
  - 社会に存在する課題を見つけ、解決する．

基本ルール

1. 出席
   - 毎回の出欠状況を報告する．
   - 出席率は100%を原則とする．
2. 週報
   - 週に１回，グループ週報および個人週報を提出する．
   - 欠席した場合も週報で欠席を報告．
3. 報告書
   - 前期末および後期末に報告書と必要な書類を提出する．
4. 発表会
   - 前期末および後期末に発表会を行う．
   - 発表会において他プロジェクトを評価する．

プロジェクト学習の具体的な流れ

1. テーマ説明会
2. 教員訪問
3. 配属希望
4. 配属決定
5. 各プロジェクトスタート
6. 中間発表会
7. 成果発表会

図 4.9　学生向けプロジェクト学習ガイダンスのスライド（一部）

ことは非常に重要な問題であり、同時にこれからプロジェクト学習の実施を検討している方たちにとっては大きな関心事でしょう。

従来の「知識を個人の中に蓄積していく」という教育のもとでは、授業で得た知識を個人が記憶しているか否か、問題が解けるか否かということが評価の対象であり、テストによって確認することができました。しかし、チームで課題を見つけて解決していくというプロジェクト学習の成果を評価するには、評価の基準だけでなく、その枠組みから変えていかなくてはなりません。ここでは、そもそも「評価は何のために行うのか」という問いから考えたいと思います。

4.7.1 成績評価の方法

評価は、点数を与えることが目的ではありません。点数を与えるものであったとしても、それは次に進むために振り返る機会を提供するものです。学習者中心主義の観点からは、学習者が次に進むためのフィードバックであると考えます。

未来大でプロジェクト学習を17年間実践する経験から編み出した評価の方法は、最終的には学生一人ひとりが教員と話し合い決定する方式です。面談する際には、三つの結果を持って教員と面談し決定します。一つ目に自己評価、二つ目にピア（同じプロジェクトの仲間）からの評価、三つ目に中間発表会・最終成果発表会におけるアンケート結果です。この自己評価の中には、このプロジェクト学習の授業時間への出席状況、週報、プロジェクトにおける積極性・協調性といった参加の姿勢や態度、報告書、発表会などが含まれます。また仲間からのピア評価では、チームメンバーから見たその人のプロジェクトへの貢献や、良い点・悪い点などに関してコメントが寄せられます。中間発表会・最終成果発表会の評価アンケートには、発表内容・発表方法などの項目と基準が書かれていています。発表会では学生と教員に、必ず他のチームのプロジェクトの発表を見て、評価することを義務づけています。このほか、学外の見学者にも評価を依頼します。各プロジェクトは、そのアンケート結果を集計し、最終評価書の中に盛り込みます。

教員あるいはピアからの評価が高いにも関わらず自己評価が低い学生や、その逆の場合もあるため、教員と面談しながら、年間の活動を振り返り、評価について話し合っていく機会となっています。

4.7.2　学習ポートフォリオ

プロジェクト学習の報告書には、二つの異なるタイプがあります。一つ目は、工学系の学会発表の論文集に掲載されているような内容です。どのような背景、仮説を持ち、何を作ったのか、その結果と考察が書かれています。もう一つのタイプは、自分たちが何を試みその中で何を学んだか、できるようになってきたかという、学習のプロセスと結果について書かれたものです。また、この二つが混在するタイプもあります。

未来大の最終報告書は、一つ目のタイプ、学会論文のような形式です。そして、二つ目の学んだプロセスについては、プロセスを学生自身が意識できるように、学びを振り返る機会とデータを提供することにしました。これを「学習ポートフォリオ」と呼んでいます。

この学習ポートフォリオは、プロジェクト学習配属時、中間発表会終了後、そして最終報告書提出後の３回実施します。いずれもウェブ上でのアンケートに答える形式で、質問項目はほぼ同じ内容です。以下はその項目です。なお、未来大のプロジェクト学習は３年生必修のため、終了時の項目には、卒業研究へのつながりを意識した項目が入っています（表 4.3、表 4.4、表 4.5）。

表 4.3 学習ポートフォリオ__配属時のアンケート項目

Q1 所属プロジェクト
Q2 担当教員名
Q3 氏名
Q4 学籍番号
Q5 クラス
Q6 現時点における学習目標は何ですか。プロジェクト学習を通じて習得したい事柄を選んでください。(複数回答可)
a. プロジェクトの進め方
b. 複数のメンバーで行う共同作業
c. 発表(含むポスターの作成)方法
d. 報告書作成方法
e. 学生同士でのコミュニケーション
f. 教員とのコミュニケーション
g. 技術・知識の習得方法
h. 技術・知識の応用方法
i. 作業を楽しく行う方法
j. 作業を効率よく行う方法
k. 課題の設定方法
l. 課題の解決方法
m. その他(下の記入欄に具体的に記述してください)
Q7 上の質問で「その他」を選んだ人は具体的に記述してください。
Q8 上記の目標達成のために、どのようなことを行う必要があると考えますか。(自由記述200文字以上)

表 4.4 学習ポートフォリオ__中間のアンケート項目

Q6 配属時における学習目標は何でしたか。(複数回答可)
※選択肢は、配属時(表 4.3)の Q6 と同じ
Q7 上記の目標達成のために、どのようなことを行いましたか。(自由記述200文字以上)
Q8 前期の活動を終えて、学習目標は変化しましたか。現時点(7月末)における学習目標を選択してください。(複数回答可)
※選択肢は、配属時(表 4.3)の Q6 と同じ
Q9 (Q8 の質問で学習目標が変化した学生)学習目標が変わった理由は何ですか。(200文字以上)
Q10 後期、学習目標の達成のために、どのようなことを行う必要があると考えますか。(200文字以上)
Q11 前期の活動を振り返って、活動全体の印象や感想を書いてください。(自由記述200文字以上)

表 4.5　学習ポートフォリオ＿最終のアンケート項目

Q6　プロジェクトの目標および成果物とそれにより得られた結果や効果について書いてください。（自由記述、200 文字以上）
Q7　その中であなたが貢献したことを具体的に書いてください。（自由記述 200 文字以上）
Q8　グループのなかでの自分の役割について選択してください。
　a. 責任と権限が明らかであった
　b. 責任と権限がある程度決まっていた
　c. 責任と権限はあまり決まっていなかった
　d. 責任と権限はほとんど決まっていなかった
　e. その他（下の記入欄に具体的に記述してください）
Q9　自分の所属するプロジェクトの難易度について選択してください。
　a. 非常に難しかった　b. 比較的難しかった
　c. 比較的易しかった　d. 非常に易しかった
　e. その他（下の記入欄に具体的に記述してください）
Q10　前期の活動終了時の学習目標を選択してください。（複数回答可）
　※選択肢は、配属時（表 4.3）の Q6 と同じ
Q11　上記の目標達成のために、どのようなことを行いましたか。（自由記述 200 文字以上）
Q12　その結果、プロジェクト学習で習得できたことは何ですか。（複数回答可）
　※選択肢は、配属時（表 4.3）の Q6 と同じ
Q13　その結果、プロジェクト学習で習得できなかったことは何ですか。（複数回答可）
　※選択肢は、配属時（表 4.3）の Q6 と同じ
Q14　習得できなかった理由は何ですか。（自由記述 200 文字以上）
Q15　卒業研究や今後の成長のためにあなたにとって特に必要なことは何ですか。（複数回答可）
　a. 研究の進め方　b. 複数のメンバーで行う共同作業
　c. 発表（含むポスターの作成）方法　d. 論文執筆方法
　e. 学生同士でのコミュニケーション　f. 教員とのコミュニケーション
　g. 技術・知識の習得方法　h. 技術・知識の応用方法
　i. 作業を楽しく行う方法　j. 作業を効率よく行う方法
　k. 課題の設定方法　l. 課題の解決方法
　m. その他（下の記入欄に具体的に記述してください）
Q16　上記のことが必要な理由は何ですか。（自由記述。200 字以上）
（中略）
Q20　自分の所属するプロジェクト（グループ）の活動に対する満足度について選択してください。
　a. 非常に満足　b. 満足　c. やや不満　d. 非常に不満　e. その他
Q21　Q20 の満足度の理由として考えられる項目を選択してください。
　a. グループ内での自分の役割　b. 自分の所属するプロジェクトの難易度
　c. プロジェクト学習で習得した方法
　d. プロジェクト学習で習得したかったが、習得できなかった方法
　e. プロジェクト学習と今までに受けた講義・演習との関連の有無
　f. プロジェクト内での教員同士の連携
　g. グループ内での作業分量の割当
　h. 通常の活動時の教員の指導の有無
　i. 最終報告書・ポスター作成に関する教員の指導の有無
　j. その他（下の記入欄に具体的に記述してください）

4.7.3　学習ポートフォリオの今後の課題

学習ポートフォリオの項目は、「それについて考え、意識しなさい」と教員がその重要性を示していることにもなっています。答えることを通じて考える機会の提供です。

学習ポートフォリオは2017年度に始めたばかりで、改善の余地が十分にあります。理想としては、配属時、中間、最終のデータを、学生自身が比較して振り返り、自分の成長を意識することです。しかしながら、それらを振り返り、何かにまとめて記述することは、すでに大学の単位としての授業は終了しているので、実施する機会が今のところありません。未来大ではプロジェクト学習は3年生で実施しているので、4年生になり、卒業研究のために研究室に配属後、全員に実施できるか否か、その可能性など、どのような形で、いつ行うのか、今後、議論していく必要があります。

質問項目のさらなる検討や、データの可視化の方法なども併せて、学生の学びにとって、何が効果的であるか、彼らの学びをいかに支援できるのかを今後も教員たちで継続して検討し、改良していく予定です。

参考文献

[1]　美馬のゆり・山内祐平（2005）.『「未来の学び」をデザインする――空間・活動・共同体』. 東京大学出版会，東京.

第5章
教員の役割

これまで見てきたように、社会が大きく変化している現代では、チーム・ティーチングやグループ活動は、学生にとっても教員にとっても、そして社会にとっても大きな価値をもたらします。本章では、チームとしての教員の役割について考えていきます。

5.1 チームを作る

プロジェクト学習を始めるにあたり、学生に提示するテーマを設定しなければなりません。そのためには、まず教員が誰と一緒にやるのかを決め、チームを作ることから始めます。なぜ教員がチームで行わなければならないのでしょうか。相談しながらやるために時間がとられ、手間もかかりそうです。ここでは、プロジェクト学習の活動だけでなく、大学の枠を超え、社会活動の中でもチームを作って活動することの意味、その方法について考えます。それがプロジェクト活動を豊かにすることにつながり、またその他の活動へも広がっていくことになるはずです。

5.1.1 チームの発想

教員がプロジェクト学習を始めるにあたって鍵となるのが「チームの発想」です。少々大げさかもしれませんが、21 世紀の少子高齢社会に日本は、世界の中でどのように生き残っていくのか。その鍵となるのがチームの発想とも言えるでしょう。

チームの発想は、アイデアの生まれる源泉であり、やる気が生まれ持続していく要因でもあります。チームの活動に参加し、協働することによって、自身の強みもわかり、面白さが見え、さらに活動に「はまって」いくことになります。なぜこのような状態になるのでしょうか。その根底にあるのは、人の学習過程です。「はまって」いく状態をどうやって望む方向に導くのか。この章では、その「なぜ」と「どうやって」を解き明かしながら、活動を進めていく方法を考えます。

経済だけでなく、教育など、さまざまなものがグローバル化し、先がどうなるのかわからない不確定な時代に私たちは生きています。見方を変えれば、唯一絶対の解がない、困難だけれどやりがいのある時代であるとも言えます。そこには、学校に通っていたころのように、いつも先生がいるわけではありません。教科書やマニュアルがあるわけでもありません。こういった時代においては、新しい知識や技術などに対し、自分自身を常に学習していけるような状態にしておくことが必要です。それもできれば苦労せずに楽しくできれば良いでしょう。

私たちはほとんど意識していませんが、子どものころから日常生活でいろいろなことを学んでいます。幼いころは親兄弟や友人を、社会に出れば同僚や先輩を、見てまねたり、説明を聞いたり、試行錯誤してやってみたり、そのとき必要なこと、やりたいことを学んでいます。学んだことは、その場でやってみたり、同じような状況になったときにやってみたり、他人に見せ、披露したりしてその成果を確認しています。

現在自分が得意だと思っていることは特に、自分から情報を集め、多くの時間を費やしています。そしてそこには、身近に一緒に学ぶ友達がいたり、親切に教えてくれる先輩がいたり、ぜひあの人のようになりたいという目標やモデルになる人がいたはずです。今となってはそのときの苦労はすっかり忘れ、あるいは苦労と思ったこともないほど、楽しく、やりがいのある学びだったに違いありません。

このような学習への向かい方の違いは、改めて考えてみるまでもないことのように思えます。しかしながら、第１章で説明したように、人の学習過程を研究する認知科学や学習科学という学問領域では近年、こういった周りの人や環境までを含めた学習の過程が注目されています。学習は決して個人的な活動ではなく、周りの人を含めた環境や状況と深く関係しているということです。その根底にあるのが、人間の学習の特徴である「共同性」と「社会性」です。チームとして共同で活動すること、社会に貢献することを意識して活動すること。これが学習の動機づけともなり、学習の効果を高め、個人だけでなく、その周りの人々も巻き込んで、その集団や組織自体が変化していくことにつながっていきます。

近年欧米でも注目されてきているこの学習に対する考え方は、一見個人の能力や技能の育成、知識の獲得、個性の尊重ということと相反しているように見えます。またこれは「みんなで一緒に」という、日本の文化に古く根差したものでありながら、現代社会では否定されてきたものでもあります。これを学習に関する近年の研究成果をもとに見直すことで、グローバル時代、少子高齢社会の日本にあって、日本が生き残っていく際の鍵となる、日本人特有の特筆すべき活動スタイルになるはずです。それは、互いの違いを尊重し、熱心で、開放的で、公平で、偏見なく、人の意見に耳を傾けること。チームで活動することは、楽しく、やりがいがあり、そこに新しい発想が生まれてくるのです。

5.1.2　大学におけるチーム・ティーチング

大学の教員は一般に、研究活動で協働することはあっても、教育活動で協働することは、これまであまりありませんでした。それは従来の教育では、教科書に書かれた知識を学生に伝達するという形式で、教員個人の活動として行ってきたからです。その分野の専門家である教員は、知識の源であり、権威であり、その教え方についても最適の方法を知っている者として、そのやり方や内容に他の人が口出しすることはありませんでした。ですから、ここにきて、伝達する知識のもとが書かれた教科書がない状況で、異なる分野の人と相談しながら共同で授業を担当するといっても、あまり乗り気がしない人も多いかもしれません。

未来大では、共同で担当する授業が、プロジェクト学習以外にも複数存在します。こうした教育の方法について教員たちがどのように考えているのか、

2002 年と 2007 年にアンケートをとってみたところ、2002 年は 43 人、2007 年は 30 人から回答があり、集計の結果、面白いことがわかりました[1]。図 5.1 から図 5.5 を見てください。共同で授業することに対する否定的な意見「話合いに割く労力や負担が大きい」(2002：26％；2007：13％)、「自分の思い通りの授業ができない」(2002：11％；2007：6％) と、予想を下回り、2007 年にはさらに減りました。一方、肯定的な意見「新たな講義方法や内容を思いつく」(2002：93％；2007：90％)、「授業や学生に関する問題が共有できる」(2002：93％；2007：96％)、「研究上で刺激を受ける」(2002：60％；2007：60％) はかなり高い割合を示したのです。

これらの結果から、他の教員と共同することで、講義方法や内容が影響を受け、変化することを肯定的に受け止めていることがわかります。また、これまで大学では、学生や授業の問題を抱えていても、同じ授業をしている同僚がいないことから、授業の改善方法について話す機会がなかったとも考えられます。複数の教員と共同で授業を実施することで、問題を共有でき、その原因と改善策について話し合う機会が生じると考えられます。共同で担当することについての自由記述では、「視野が広くなるのでよい」、「他の教員から知らない学生についての情報を得られるのでよい」、「コーディネーター的な人がいると

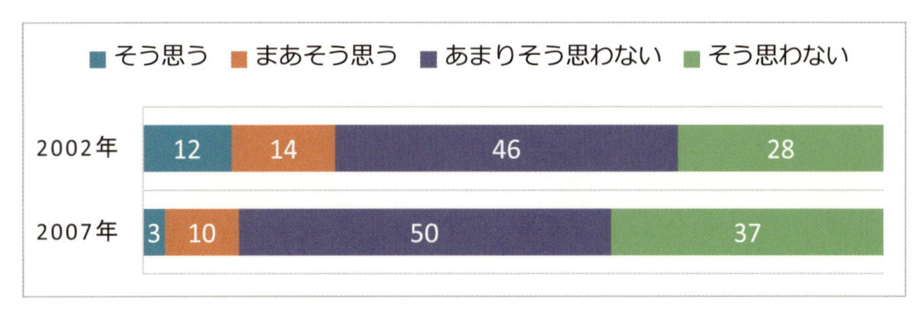

図 5.1 「話合いに割く労力や負担が大きい」についての回答 (％)

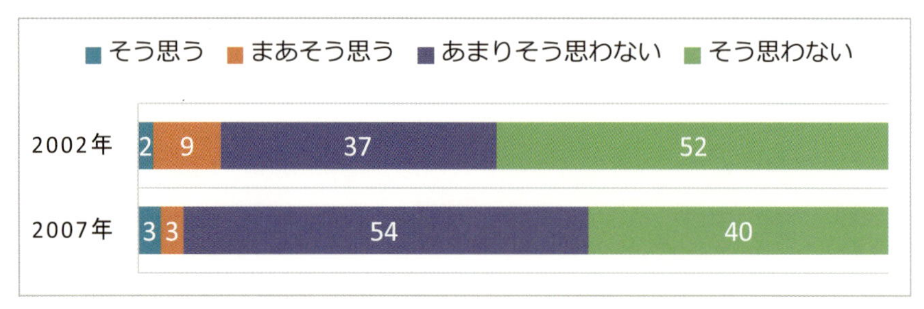

図 5.2 「自分の思い通りの授業ができない」についての回答（%）

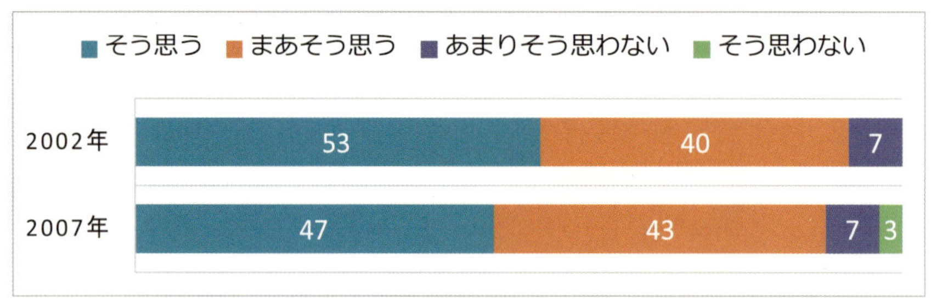

図 5.3 「新たな講義方法や内容を思いつく」についての回答（%）

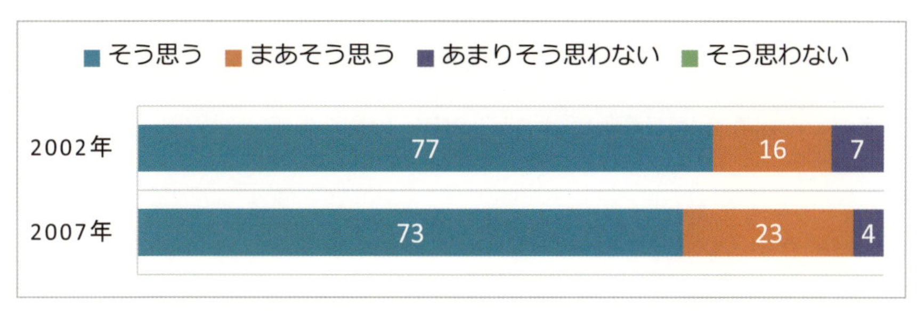

図 5.4 「授業や学生に関する問題が共有できる」についての回答（%）

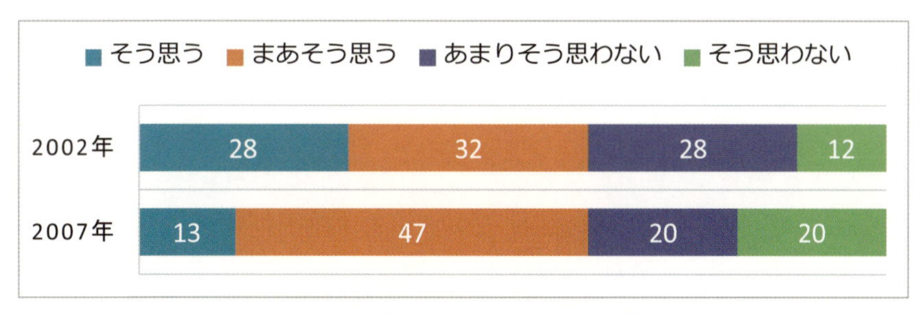

図 5.5 「研究上で刺激を受ける」についての回答（%）

うまくいく」、「共同研究発足につながる」といった意見もありました。

教員は研究者でもあり、その知的好奇心、チャレンジ精神は人一倍強いはずです。一度始めてみればその面白さに夢中になることでしょう。

5.1.3　教員のチームを作る

この世に生を受け、生きていくということは、社会に参加し、社会の創り手となっていくことを意味します。持続可能な社会の一員となっていくために、学習の機会や社会の制度が存在します。私たちが生涯学び続けていく中で、実践共同体はいたるところに存在しています。実践共同体とは、徒弟制にもとづく伝統的職場をはじめ、職場や学校、地域などで見られる、集団への参与を通して知識やスキルの修得が可能になる社会的実践がくり広げられる場のことを言います[2]。

家庭において、学校において、学校外の活動において、実践共同体が存在します。学習とは、「実践共同体の一員になる」参加の過程であり、その共同体における言葉を使い、その共同体における特定の基準によって行動することができるようになることであるとする考え方があります。人は複数の実践共同体での活動への参加を通して、自己のアイデンティティがそれぞれの場で形成され、それが統合され成長していきます。多様な人々と協働しながら、豊かな人生を切り拓き、持続可能な社会の創り手となっていくのです。

チームの活動は、参加と協働の場であり、一つの実践共同体だと考えることができます。プロジェクトを実施するためにチームを作るということは、新たな実践共同体を作り出すことなのです。

教員のチームを作るためには準備が必要です。どのようなテーマで行うのか、その問題を設定することから始まります。プロジェクト学習における問題の設定は、通常の研究活動におけるテーマの設定方法とは少々異なります。研究では一般に、問題を探し、仮説を立て、実験や観察を行い、データを得て、分析、考察するという方法が主流です。仮説も実験の方法も完成の姿がある程度予想できるものです。これに対し、プロジェクト学習は、オープンエンドな社会の課題を扱います。教員自身、これまでやってきたことのないテーマや課題かもしれません。

そこで重要になってくるのが、アイデア、ビジョン、インパクトを考えることです[3]。アイデアでは、何をやりたいのか、そこに至った背景や過程、動機を考えます。ビジョンは、それを行った後、どうするのかという展望を考えます。最後はインパクトです。その課題を解決することで、それが社会に与える影響を考えます。この３点を、簡潔な言葉で表していきます。

たとえば、小児病棟に長期入院している子どもの存在を知り、その子が元気であれば通っているはずの学校の友達と一緒に学ぶ環境を作りたいというアイデア、動機があったとします。その環境を作ることができれば、どんなことが他にできるだろうか。入院中の子どもが学校の授業を受けられるだけでなく、教室にいる子どもたちが病院やそこで働く人々のことを知ることができます。するとそこから医療やキャリアの話につながったり、最先端の医療技術について学ぶ機会を創出できる、そしてその交流機会を利用すれば、さらにいろいろな活動に展開可能となる、というビジョンが出てきます。このできあがった環境を事例として、活動モデルとして展開していけば、全国の、世界の子どもたちの交流も可能になるというインパクトを考えることができます。

このように、自分が考えるテーマについて、アイデア、ビジョン、インパクトとして簡潔な言葉で言えるようになっておくことで、賛同者、協力者を見つけることができるようになります。アイデア、ビジョン、インパクトとして問題を設定したら、次に行うのがモデリングです。どのようなメンバーで、何をどのようにプロジェクトを進めていくのか。チームに誘うメンバーを探すために、活動のモデルを描く、筋道を描くという段階です。

プロジェクトの内容を豊かにしていくためには、構成メンバーの多様性に配慮することが重要です。自分の考えたテーマの目的にあった役割を想定しながら、同僚の教員に声がけをしていきます。設定した問題に関係しそうな分野の教員や、あるいは実行していくのに有効な手法を持っていると思われる教員です。

それらを持ちあわせていなくても、そもそもどこかの共同体でチームメンバーとしてアクティブに活動している人もよいでしょう。チームで活動していくマインドを持っている人が入ることによってより実践が豊かになり、その人の持つ人的ネットワークも活用できます。

しかし、上述のような人ばかりだと広がりが限定的になることもあります。成功体験があり、その方法にこだわってしまうことも考えられるからです。そこで、プロジェクト学習などチームで活動した経験のない新人や、次世代、異なる世代の人を入れていくのもよいでしょう。これがファカルティ・ディベロップメント（FD）にもつながります。

メンバーになってほしいと声がけする際は、先ほど設定した問題（アイデア、ビジョン、インパクト）と活動モデルを提示していきます。提示するというのは、こういうことが必要だ、こういうことがやりたい、ということをその人に対して「物語る」ということです。そしてあなたにはこんなことを期待していると、想定している役割を話すのもよいでしょう。このときその役割が、チームにとって意味のあることだけでなく、チームのメンバーとなる人にとって参加する意味があると思ってもらえることが重要です。

教員チームのメンバーがそろったところで、先ほど設定した問題（アイデア、ビジョン、インパクト）と活動モデルを相談しながらブラッシュアップし、それを学生募集につなげていきます。教員チームのメンバーがそろったところで、設定した問題、つまり最初に提示した、物語った内容と活動モデルをメンバーで再検討し、協働してその物語を練り上げていきます。プロジェクト学習においてはこの段階で、このアイデアがどのような専門分野、知識、スキルなどにつながっているのかを、みんなで検討し盛り込んでいきます。協働で物語を練り上げていくこと、そして学生募集のためのプロジェクトのテーマ名を考えること、その経験を共にして、文脈を共有することで、一人ひとりがこのテーマについて、その意義について、自分自身のテーマとして物語れるようになっていきます。それが、学生へのテーマ説明会での教員チームの真剣な、熱い思いを伝えるプレゼンテーションにつながります。

5.1.4　学生のチームを耕す

テーマ説明会が終了し、学生の配属が決まると、それ以降は、学生たち自身がプロジェクトを進めていけるよう導いていきます。5.1.3 で教員チームが行ってきたことと同様のことを学生たちが行います。

学生のチームメンバーがそろったところで、チームのブランドを構築していきます。チームのアイデンティティの構築です。活動名、スローガン、プロジェクトのロゴマークなどをチームみんなで作っていきます（図 5.6）。そして、教員が設定したテーマ、つまり最初に提示し物語った内容と活動モデルを、学生たちが再検討し、自分たちの内容を作っていきます。協働することによってその物語を練り上げていくのです。協働で物語を練り上げていくこと、その経験を共にして、文脈を共有することで、学生もまた一人ひとりが物語れるようになっていきます。

プロジェクトでなぜそれをやりたいと思ったのかということの社会的背景や動機、それを行った後どうするのかという展望、このプロジェクトが社会に与える影響、すなわち、プロジェクトのアイデア、ビジョン、インパクトを簡潔な言葉で表せるようになることです。チームの一人ひとりが、これは自分の問題であると考え、いろいろなところで語れるようになっていきます。チームメンバーはそれぞれ微妙にプロジェクトの中でやりたいことが違うかもしれませんが、最初に設定したスローガン的なものの中に自分の役割や自分のやりたいことを見いだして、他者に対して語れるようになっていくのです。

プロジェクトが本格的に始まってくると、学外の人たちに対し、自分たちのプロジェクトを紹介する機会が多く出てきます。そのときに、このときの経験が役に立つのです。

チームは生きものです。知識も関わる人たちも変化していくので、常に耕していくことが必要です。鋤や鍬で畑を掘り返し、新しい空気を取り込み、よどみをなくす作業です。メンバーシップを「耕す」のです。プロジェクトの学生たちが、自分の仕事を確実に遂行する、他のメンバーに協力したり、面倒な仕事を進んで引き受けたり、自発的に役割を作り出すといった、各自が役割を果たすことで全体に貢献するような場になるよう整えていくのが教員の役割です。

各メンバーに自発的な行為が生まれるよう、参加と協働の機会を提供していきます。学習の共同性と社会性を意識して、さらにはメンバーシップを拡張して強固にしていく。つまり、チームのやっている活動を広げたり、発展させたり、つなげたり、あるいは必要なときには拡張するだけでなく、活動を整理し、系統立てることも必要です。統合したり連携させたり、あるときにはルール化が必要かもしれません。それを大所高所から、必要に応じて、教員が行っていきます。

活動がうまく継続していくためには、担当するプロジェクトを社会の中で位置づけ、意義を見直していくのは教員の重要な役割の一つです。活動を続けていく中では、適切なツールを探し、利用することも促していきます。ツールというのはコンピュータだけではありません。メディアや道具、制度など、それぞれの特性を意識しながら活用し、プロジェクトが進んでいくよう導いていきます。

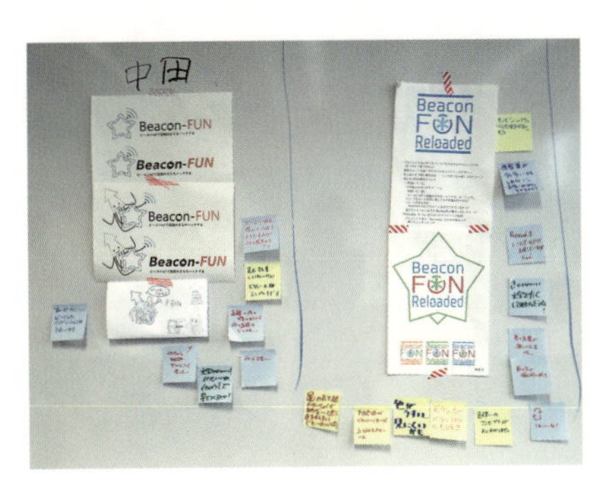

図 5.6　チームのロゴマークをメンバー一人ひとりが作成し、検討する

5.1.5　リーダーシップを耕す

リーダーシップとはなんでしょう。プロジェクトにおけるリーダーには三つの役割があります。一つは、グループの主要なメンバーとしてチームを維持し活性化すること、進捗を管理すること、メンバーが参照可能な資料のライブラリーを作成して共有できるようにすること、メンバーシップを耕すこと、新参者を支援することです。

コーディネーターとしての役割もあります。チームの中で人をつなげたり、活動をつなげること。新しく入って来た人、お互いに知らない人同士をつなげること。また、チームの外の人と中の人をつなげたり、活動をつなげたりすること。自分たちの活動と社会の関係を考え、どのような意義があるのか、位置づけていくことです。

最後はデザイナーとしての役割です。新しいものや参考になるものを見つけようと、外の世界を積極的に常にウォッチする、意識しているということも必要です。一方で歴史家のように、これまでやってきたことを全体の中で位置づけながらメンバーに、あるいは外の人に語ることができるようになることも重要です。つまり、チームの中や外を見ながら、チームの活動を縦糸と横糸で布を織り上げていくようなリーダーシップです。

プロジェクト学習では、学生のリーダーシップもあれば、教員のリーダーシップもあります。学生の中には、自分のやりたいことを仲間にやらせるのがリーダーの役割だと思う学生もいれば、みんなの意見を聞いてまとめるのが役割だと考える学生もいます。リーダーの役割について、プロジェクトの進行をみながら調整していくのも、教員の重要な役割です。

5.1.6　学習環境デザイナーチームとしての教員

個々の教員は、「学生はこのようなときにより多くを学ぶ」というような、学習モデルを持ち、授業デザインをして、実践するということを無意識のうちに行っています。プロジェクト学習ではそれらをチームとして行っていきます。チームで行うことで、その考え方ややり方が言葉や行動として現れ、意識化され、チームの中で共有されていきます。何が今、学生たちにとって意味がある活動か、というような規範や価値や知識が、教員たちの中に共同的に構築されていきます。また学生たちの現状を見て、その目標設定や計画について点検し、評価することによって、修正したりすることを共同的に実施していきます。共同的メタ認知が起こるのです[4]。

授業をデザインしていく際には、その授業実践を包含する社会や文化の中での知識の価値や必要性を探っていくことが必要です。こうすることによって、授業内、大学内の価値や必要性だけでなく、それを越えた社会との関係の中での長期的な取組みが可能になり、成果が教員チームの中に蓄積されていくことになります。つまり、これが持続性を考慮した、進化的デザインなのです。

1
2
3
4
5
6

5.2 円滑に進めるために

プロジェクト学習を実施するのに欠かせない存在が、全体を統括する教員チームです。プロジェクト学習を円滑に進めるため、また、プロジェクト学習の運営を継続していく上で鍵となる存在です。未来大では、第2章で紹介したプロジェクト学習WGがその役割を担っています。240名の学生、70名の教員に対し、数名の教員がその任に当たっています。この教員たちは、他の教員と同様に自分のプロジェクトも担当しているので、どのようなタイミングで、どのような支援が大学から欲しいかや、他のプロジェクトと共通してあったら便利なことなどを理解でき、全体に反映させることが可能です（図5.7）。

さらにプロジェクト学習WGは、渉外の役割も担っています。大学事務局との連絡や協議だけでなく、メディアの取材対応や、大学外のプロジェクト学習の連携先とのパイプ役も務めます。大学でプロジェクト学習を行っていると、地元の自治体や企業などから、あるテーマを扱ってほしいという依頼や相談が年間を通じ、持ち込まれます。その際、プロジェクトの意義やスケジュールを伝え、理解を得ることも必要になります。

近年、未来大のプロジェクト学習の活動について、大学関係者からの見学や講演などの依頼が増えてきています。高大連携活動の一環としてのプロジェクト学習の見学もあります。これらに対応する役割もプロジェクト学習WGが担っています。このように対外的な活動を行うことは、プロジェクト学習実施の観点からは余分な活動のように見えます。しかし、これらのことは、大学外の人たちから自分たちの行っている教育活動が高く評価され、自分たちの強みがなんであるかを知ることにもなり、さらには自分たちがなぜプロジェクト学習を行っているかの意義を再確認する機会にもなります。

プロジェクト学習WGは、大学の運営に関わる委員会活動と同様の扱いな

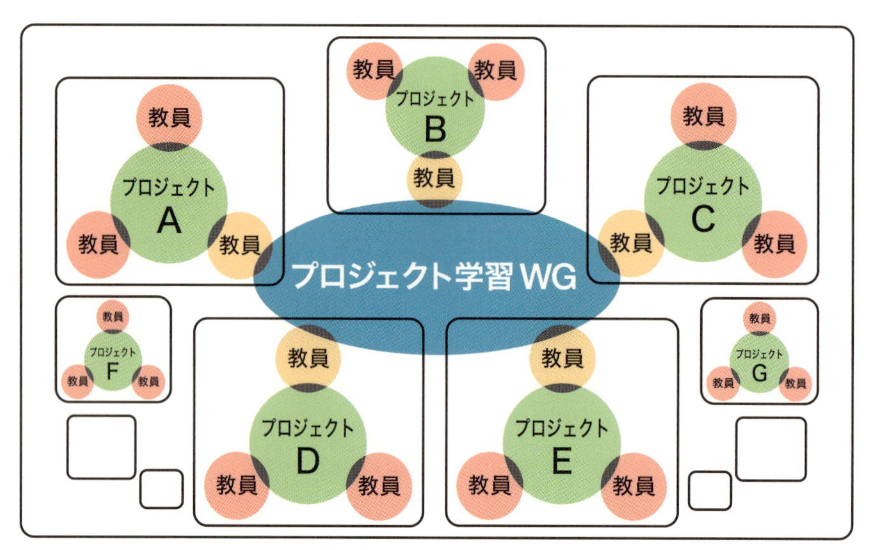

図 5.7　プロジェクト学習の運営組織イメージ

ので、2年に1度メンバー交代があります。WG活動で蓄積されたノウハウは、そのメンバーだった教員を通じて、プロジェクト学習だけでなく、通常の教育活動にも還元されていきます。

プロジェクト学習 WG の役割と作業について表 5.1 を参考にしてください。

5.3 実施にむけて

この章では、プロジェクト学習における教員の役割について述べてきました。大学教員はこれまで、教育活動においては、チームで活動する機会はあまりありませんでした。また、プロジェクト学習のように、学生が学外者と関わ

表 5.1　プロジェクト学習 WG の役割と作業のスケジュール

2 月	教員に対し、プロジェクトテーマの募集
3 月	応募のあったテーマの内容をチェック
4 月	教員による学生のためのテーマ説明会の準備（学生へのアナウンス、機材の貸し出しなどを含む）
	全学生に対し、導入ガイダンスおよび、テーマ説明会の実施
	学生から希望テーマの申請を受け付け、配属
5 月	教員に対し、予算申請の受付けと配分
	希望する学生に対し、共通機材の使用説明会やプログラミングの説明会を実施
7 月	中間発表会の準備と実施
12 月	最終成果発表会の準備と実施
1 月	全学生に対し、最終講義の実施（提出物、学外発表会、意見交換、返却物の確認など）
2 月	学外発表会の準備と実施
	成績の集計、学習フィードバック（授業評価）の実施
年間を通じて	週報など提出物および報告事項の確認、機材および予算の管理、学外からの見学、協力依頼、取材、問合せなどへの対応

り、自主的に問題を設定し、解決していく形態の学習を支援する教育もほとんどなされてきませんでした。さらにこれを必修科目としてある学年全体で実施することは、教員にとっても、大学にとっても、とても大きな挑戦となります。

そのためには、学生も、教職員も、その目的と役割を認識し、実践し、自分たちの成長を実感し、振り返り、共有していく場が必要です。

未来大では 17 年間、改善、改良を繰返し、教職員が試行錯誤しながら、それらの経験と知恵を共有し、ここまで進めてきました。大学によって置かれた状況、環境は異なります。しかしながら、これまで見てきたように、社会が大きく変化している中において、プロジェクト学習は、学生にとっても、教職員にとっても、そして社会にとっても大きな価値をもたらします。これを私たち自身の大人のアクティブ・ラーニングの機会としてとらえ、進めていくことに大きな意義があると考えます。

参考文献

［1］ 美馬のゆり（2009）．大学における新しい学習観に基づいたプロジェクト学習のデザイン．『工学教育』，57（1），45-50.

［2］ Lave, J., & Wenger, E.（1991）. *Situated Learning: Legitimate Peripheral Participation*（*Learning in Doing: Social, Cognitive and Computational Perspectives*）, Cambridge.（佐伯胖訳（1993）．『状況に埋め込まれた学習－正統的周辺参加』．産業図書，東京.）

［3］ 美馬のゆり（2012）．『理系女子的生き方のススメ』．岩波書店，東京.

［4］ 美馬のゆり（2008）．学習環境の構築と運用．佐伯胖（監修），『学びとコンピュータハンドブック』．東京電機大学出版局，東京.

第6章

社会への応用

社会におけるプロジェクト学習とは、多様なステークホルダーが協働し、目標達成に向けて行動していく、学習と社会的実践が一体となった活動です。本章では、プロジェクト学習を社会的活動に応用発展させるための理論と事例を紹介します。

6.1 社会的活動における学習の理論

1980年代頃からの学習研究の著しい発展を背景に、「学習」(learning)という言葉は、1990年代後半から広くビジネス、生涯学習、政策形成、都市計画やまちづくりなどの世界においても重要なキーワードとして取り上げられるようになっています。今日に至る学習研究の源流を遡ると、1960年代以降の教育心理学や認知心理学の領域での研究と、1940〜50年代の社会心理学の集団力学(グループダイナミクス)研究からのちに組織行動学や組織学習論へと発展する研究の二つの流れがあります。二つの領域は1980年代以降、互いに影響を与え合いながら急速に発展・融合してきました。前者の教育心理学や認知心理学での学習理論は、本書のメインテーマである教育現場でのプロジェクト学習の成立を支えており、第1章でその背景を解説しています。ここでは、人間の社会的活動に埋め込まれた「学習」に着目した後者の理論的背景を紹介します。

6.1.1 組織学習論の源流

ナチス政権下のドイツからアメリカに亡命し、マサチューセッツ工科大学(以下、MIT)教員となったクルト・レヴィン(Kurt Lewin)は、20世紀を代表する社会科学研究者の一人です。レヴィンは、個人と集団との関係に着目し、社会における集団形成、集団間の関係形成、リーダーシップと集団特性などについて、実験研究や実践研究を通じて探究し、集団力学と呼ばれる一分野を築きました。個人の行動や心理は、所属する集団や組織、社会の特性によって、いかようにも変わりうることを明らかにし、社会をより良い方向へ改革する手法として「アクションリサーチ」という実践による研究方法を提案し、自らも社会に出て実践しました。州政府などと連携し、当事者である市民の参加を得て、行政官や専門家と共に問題発見や解決に取り組む手法や場の構築を試行しました。レヴィンの取組みは、「ステークホルダー（利害関係者・当時者）こそが、現場の文化・信念・実践を知り抜いた唯一のエキスパート（専門家）である」という理念をその後の実践志向の社会研究に継承しました。

レヴィンは、大学や研究機関が研究を強化すればするほど、次第に社会から遠のいた存在になってしまうことを懸念していました。「社会的に見て、大学は新しい科学的知見を生むだけでは不十分だ。事実発見の手続き、社会的な目と耳、社会的アクションを起こす組織体制が装備されていなければならない」[1]とし、1946年MITにグループダイナミクス研究所を創設し所長として実践研究の指揮を執りました。多くの行政官、活動家、市民らと接する中で、社会の混乱と対立の根底には「目標の不明瞭さ」「学習の欠如」があること、市民社会の土壌に社会科学的な知見を根づかせ、これらの問題を解決できる社会的リーダーを育てるという考え方を打ち出しました。良き社会をつくるうえで人々の生涯にわたる学習こそがきわめて重要だというこの考え方は、のちの生涯学習論や組織学習論の誕生へつながりました。

やがてレヴィンの弟子でもあったクリス・アージリス（Chris Argyris）とドナルド・ショーン（Donald Schön）が、1980年代になってアクションリサーチの考え方を尖鋭化させ、彼らが開拓してきた組織学習理論を融合させた「アクションサイエンス」という概念を提起します[2]。当時、リバイバルブームになりかけていたアクションリサーチが実践を重視するあまり、観察と分析の裏付けを欠いた表層的な取組みになりかねないことを批判して、真のアクションリサーチには、「ダブルループの組織学習」すなわち自分たちが置かれた状況に関する根本的な疑いを含めた省察（reflection）が必要だと強く主張しました。外部から与えられた状況の枠の中での学習（シングルループ学習）に留まるかぎり、問題への真の気づきに到達できず、また民主的な取組みともなら

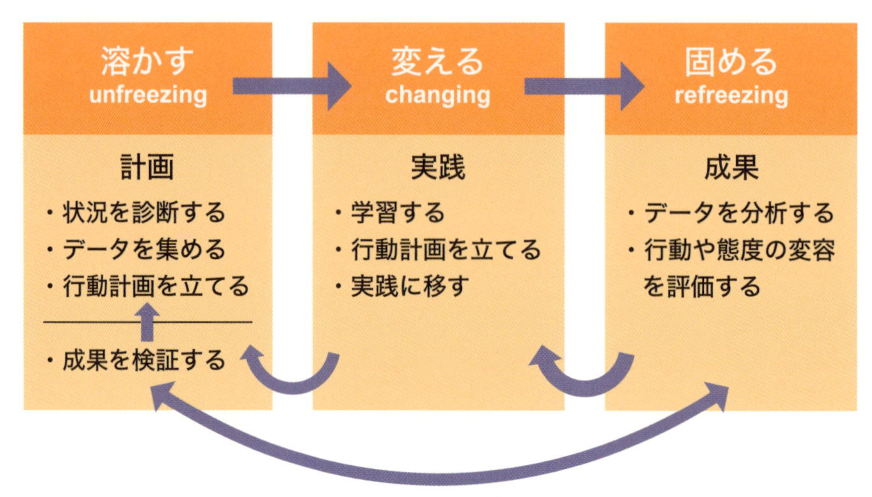

図6.1　アクションリサーチ3段階モデル（[3] をもとに作成）

ないという批判です。

社会的な意思決定において、自己省察的な行動選択を行うには、「メタ知識の獲得と創造」すなわち自分たちの知識や思考を規定している枠組みを、常にもう一段上から（メタ＝超越的な視点から）眺めて、枠組みの存在や問題点に気づく必要がある、というのがアージリスやショーンが提起した組織学習論の真髄です。現状打破を可能にするダブルループ学習は、イノベーションを起こす上でとても重要なプロセスと言われます。

計画と実践と成果分析のループを持続的に回すという基本的な考え方は、レヴィンが1950年代にすでに提示していました（図6.1）。アージリスとショーンはこれに加えて、アクションリサーチと呼べる取組みには、(1) 民主化・脱中心化（権力の枠組みからの意識的なずらし）、(2) 学習と知識獲得・知識創造、(3) 研究（者）と実践（者）の相互作用、の三つのアクションが伴っていなければならないとしています[4]。

6.1.2　専門知と経験知の往還、近代知と土着知の統合

その後、ショーンは、専門家が社会から乖離し専門領域に引きこもるようになった状況の中で、専門家の知識や行動が、必ずしも実社会の問題解決に直ちに貢献できるものになってはいないことを批判的に論考しました。真なる専門家は、社会的な状況の中で自らの知識が役立つのかを常に実践的に省察し、素人や一般市民の知に敬意を持って接する「省察的実践家」（reflective practitioner）であらねばならないと提起します[5]。アージリスもまた、専門家は自らの職業的地位に防衛的になりがちで、自らの専門性そのものの否定を伴う自己変革的な学習を拒否しがちな性向を持つことを指摘しています[6]。省察的実践家とは、そうした専門家像に批判的警鐘を鳴らすものです。専門家と素人、研究者と一般市民は、教える側と教えられる側という一方通行の関係ではなく、知識を持つ者と持たざる者という不均衡な関係でもなく、互いに異なる種類の知識を持つ存在であり、相手の知識から学び合うことで、実社会の発展に役立つ新たな知識が創造されるという考え方に基づいています。

現代社会を生きる私たちが「知識」と言うとき、それは近代知（modern science）、科学知（science knowledge）、専門知（expert knowledge）といった合理的でかつ言語で明示された知識を指すことが多いでしょう。しかしその一方で、経験知（experience knowledge）、生活知（living knowledge）、日常知（everyday knowledge）、身体知（body knowledge）、現場の知（local knowledge）、土着の知（indigenous knowledge）といった知識もまた、私たちが生きる世界を支えていることは間違いないのです。

こうした異質な知を積極的に統合することで社会改革を目指したプロジェクトの一つの成功事例として、タイの地域医療プロジェクトがあります[7]。医師不足や近代医学の医療費が高額すぎることなどへの解決策が求められるな

か、タイ北部の村落で2000～2004年にかけて、近代医学の医師と土着医療の施術師とが協働で医療に取り組むアクションリサーチプロジェクトが試行されました。行政担当者、社会学者、住民などさまざまなステークホルダーが参加し、多様な知識を互いに学習するプロセスから、地域医療のための新たな知識体系が創出・共有化されました。近代知・科学知に立脚した専門家が土着知を受容するには、あるいはその逆においても、省察的実践の学習過程が必要だったことは想像に難くありません。この成果をベースとした取組みは国内の他地域へも広がっていきました。このような実例は、まさに社会改革を目指して実践されたプロジェクト学習であると言えます。

6.1.3　組織学習とイノベーション

日本からも1990年代の初め頃に、組織的学習の新たな理論として、経営学者・野中郁次郎らが「組織的知識創造」（organizational knowledge creation）という概念を提起します[8]。松下電器（現パナソニック）のホームベーカリーをはじめ、日本企業の商品開発事例を多数調査し、そのイノベーション・プロセスに暗黙知と形式知の循環的な生成プロセスがあることを発見します。個人やチームが創造的な学習や経験によって獲得した暗黙知が、次第に組織全体に共有化され、企業文化やスタイルといったかたちに昇華され、再び暗黙知として個々人に身体化されていくような循環型プロセス（図6.2）が、企業のイノベーションを起こすメカニズムとして働いていると考えました。このプロセスをモデル化し、「組織的知識創造理論」（organizational knowledge creation theory）を打ち立てて、日本から欧米へ世界へと知識経営ブームを巻き起こします。この組織的知識創造のサイクルは、企業のみならず人々が集団で何かに取り組み、個人と集団が共に持続的成長を遂げていく学習プロセスであり、企業の中のプロジェクト学習をモデル化したものと言えます。

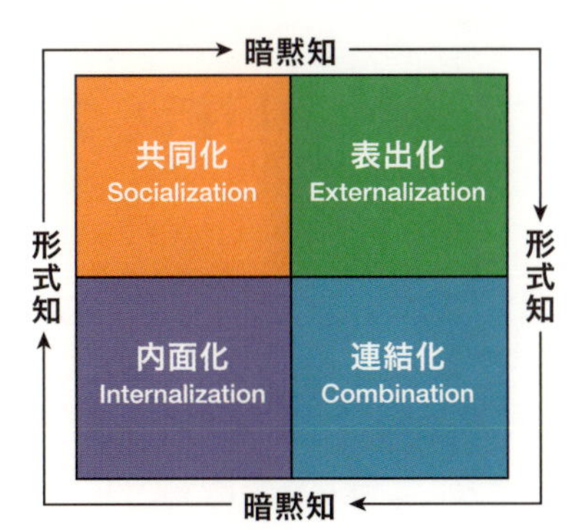

図 6.2 組織的知識創造サイクル：暗黙知と形式知が循環的に生成される学習過程として描かれる[8]

2000 年代には、こうした学術研究の成果を背景としながら、「知識創造」「組織学習」といったキーワードを並べたビジネス啓発書が多数刊行され、日本でも学習ブームが巻き起こりました。アメリカでは、社会人類学者のジーン・レイヴ（Jean Lave）と認知科学者エティエンヌ・ウェンガー（Etienne Wenger）が、徒弟制の現場などの調査研究から「実践共同体」（community of practice）への参加を通じて、知識やスキルが習得されていくような学習の概念を提起しました[9]。ウェンガーらはこれを企業組織にも応用、一般向けのビジネス書を記し、日本でも『コミュニティ・オブ・プラクティス：ナレッジ社会の新たな知識形態の実践』と題して翻訳出版されています[10]。

近年では企業の組織改革、事業改革のための研修にも学習理論を重視したワークショップが導入されるようになり、本書で紹介しているようなプロジェクト学習に近い取組みが、企業内研修や業界研修、行政官の研修やプロフェッショナル育成研修にも盛んに取り入れられるようになっています。

イノベーションを志向するこうした組織学習は、いまやあらゆる分野で必要とされ実践されています。後半では、まちづくり、生涯学習という代表的な分野の事例と、大学教育からの発展事例をご紹介します。

6.2 学習する地域を目指して

イノベーションを必要としているのは企業だけではありません。地域社会に目を向ければ、少子化、超高齢化、人口減少などの社会変容のなかで、持続可能社会の構築を目指し、知恵を絞って社会資本の活用と再生産の方法を生み出していかなければなりません。こうした変化・変容の時代において、学習によるイノベーションを実践に移すことが、唯一無二の方法だといっても過言ではないのです。

2000年代の後半頃から、中心市街地の衰退に対する新たなまちづくり手法として、専門家と市民が協働して現状改革に取り組むアクションリサーチ型のワークショップが多用されてきました。商店主や近隣住民たちが、自分たちの暮らす街を自分たちの手で再生するまちづくり活動は、コミュニティデザイン[11] などとも呼ばれます。

その先駆的な事例を、函館から紹介します。歴史的建造物が数多く残る函館山界隈の西部地区と呼ばれるエリアでは、まちづくり・地域再生の市民活動が盛んです。2004年2月には、市民と行政と専門家の協働による「ハコダテ・スミカプロジェクト～こだわりの暮らしと風景」というワークショップイベントが開催され、全国から注目を集めました[12]（図6.3）。函館出身で、情報デザインという分野の先駆者でもある渡辺保史さん（2013年に急逝）らが中心になり企画・実践されたプロジェクトです。函館山界隈の西部地区エリアの再生をテーマに、世代や職業を超えて集まった約40人の参加者が五つのグループに分かれ、2日間をかけてまち歩きのフィールドワークとグループワークを行い、それぞれの未来シナリオを作成し発表しました。この先駆的な取組みの背景には、NPO法人はこだて街なかプロジェクト（当時は任意団体：はこだて街なか研究会）[13] などの市民団体の存在があります。2001年「第1回街

図 6.3　2004 年 2 月、2 日間をかけて行われた市民と行政と専門家の協働による「ハコダテ・スミカプロジェクト～こだわりの暮らしと風景」報告書（概要版：同実行委員会編）[15] より

なか居住促進研究会会議」（同団体主催）に始まり、2005 年「ハコダテまちなかオープンスクール」（北海道渡島支庁主催）[14] など、大小さまざまな活動が、地域で継続的に展開されています。こうした取組みは、まさにプロジェクト学習の社会応用例と言えます。

欧州では 1990 年代頃から、地域産業政策や地域イノベーションの分野で、「学習地域（learning region）」というキーワードが重視されてきました。地域社会や地域経済もまた、自分たちが置かれた状況を俯瞰して学習し、積極的に自己変革、イノベーションを果たしていかなければ、未来はないという考え方です。縮小し衰退する地域を、学習し成長する地域へと再生し、蘇らせる上で、市民参加によるプロジェクト学習の活動を広げることは、今後ますます重要になるでしょう。

6.3 生涯学習社会に向けて

6.3.1 生涯学習社会とラングランの教え

生涯学習（lifelong learning）とは、その名のとおり「生涯を通じて学び続けること」です。日本では高度経済成長期に、余暇活動としての趣味や勉強の機会を提供する成人教育サービスが盛んになりました。個人のライフスタイルの充実、個人の内面を豊かにするための習い事やたしなみという側面が重視され、カルチャースクールという教育産業も発展します。しかし 1980 年代頃から、来るべき少子高齢社会を見据え、リタイアしたのちも生涯現役として主体的に社会参加することを前提とした、広義の「生涯学習社会」という考え方が現れます。一人ひとりの市民に求められる社会的役割が大きく変容するなかで、高等教育には激しい変化に柔軟に対応していける人材を育成するためにアクティブラーニングの手法への移行が求められ、プロジェクト学習の導入が広がりました。その一方で、成人教育にも社会という環境の中でのアクティブラーニング、さらには前述したような、専門家と市民の協働にもとづくアクションリサーチの実践が、社会の改革において必要とされています。個人の中に培われた生活知や経験知を社会のために使い、まちづくりや地域振興、政策形成に市民が主体的に参画することが、生涯学習社会の理想とされる姿です。

こうした考えをいち早く提示したのが、フランスの教育思想家であるポール・ラングラン（Paul Lengrand）です。ラングランは、1965 年のユネスコ第３回成人教育国際委員会で「永続教育（Éducation permanente）」を提案し、これまでの教育体制ではできなかったような「変化に対応できる成人になる」「学ぶことを学ぶ」ことの大切さなどを主張しました。成人は教育の享受者ではなく主体者であり、「教師との共同の企てのパートナー」であり、相互に教え合う存在であるとしています。永続教育とは、既存の制度や権威に対する「懐疑の精神」を持つ人間を形成するものでもあるとも述べています[16]。この考え方は、前述した組織学習論でアージリスとショーンが主張した、置かれた状況を俯瞰して、新しい枠組みからものごとを判断できるようなダブルループ学習こそが重要である、という考え方とも通底します。

1
2
3
4
5
6

6.3.2　主体的な学習機会の創出へ

生涯学習を、学習者みずからが主体的に学ぶアクティブラーニングとしてとらえ直し、社会的実践を通じて、社会貢献や社会改革に資することを目指す──近年、そのようなかたちを志向する生涯学習活動が徐々に現れています。

たとえば、フランス、イギリスから始まった高齢者大学の活動は、いまや世界 50 カ国以上に広がっています。フランスで興った U3A（university for third age：第 3 世代のための大学）がルーツですが、最も盛んなのはイギリスで、1980 年代に全土に活動が広がり、現在では 1,000 を超える U3A に 40 万人以上のメンバーが参加しています[17]。学生自身が教育の担い手となってカリキュラムを策定し講師を選定するといった方法が導入されており、学校運営そのものがまさに一大プロジェクト学習であると言うべき取組みとなっています。

日本でも高齢者大学は全国各地で、主に自治体や地域の福祉協議会などの運営により開講されています。その中には、自治体が財政難から打切りを決めた事業を、市民有志が承継し再生した NPO 法人大阪府高齢者大学校（略称：高大）のような先進事例も見られます。アクティブラーニングを導入した「高大白熱教室」の開講や、大学院にあたる「実践研究部」の開設など、ユニークな活動が注目されています[18]。

NPO法人大阪府高齢者大学の設立趣意書には、運営方針について次のように書かれています[19]。

「シニア世代の問題は、従来からの福祉の視点だけでなく、これからの時代は、元気な高齢者の力を社会に還元する施策がますます大切になっています。私たちは、この元気なシニアに対し、社会で活躍するために必要な再学習を行なうと共に、従来では考えられなかった社会の変化に対応した新しい事業を開発して、組織的な実践活動を行ないます。

具体的には、私たちが、大阪府老人大学講座以来、これまで永年に亘って実践してきた地域での活動を大切にしながら、授業と併せて今後は、趣味のサークル活動を奨励し、その自主的な活動、社会貢献活動を繋げることから地域の町づくり・コミュニティ作りに発展させたいと考えています。

そして地球環境問題をはじめ地域の抱える諸課題をとりあげ、私たちの出来ることで、行政・学校・企業・市民団体との協働事業を開発して進めたいと考えています。

これらの授業・事業の二本柱の活動を通じて私たち自身のかけがえのない人生を心身ともに豊かな健康作りと併せて生きがいを実感できる活動として実践することを目的とします」

運営方針はきわめて明快です。趣味の活動を重視しつつ、社会的な実践につなげる。社会的事業を興し、組織的に運営する。地域の諸団体と協働し、地域社会に貢献する。まさに、主体的な学習から他者との協働へ、組織的な事業化を通した社会改革へと結びつけることが目指されています。こうした活動のすべてを、プロジェクト学習の社会応用例としてとらえることができるでしょう。

同法人の取り組みについては、書籍『高齢者が動けば社会が変わる：NPO法人大阪府高齢者大学校の挑戦』[18] に詳しく書かれていますので、ぜひご参照ください。

6.4 大学教育からのスピンオフ事例

最後に、大学の講義から派生した社会応用の事例を紹介しましょう。

本書でたびたび述べているように、学校教育として行われているプロジェクト学習が社会的実践を志向する中で、協力を求めた企業や地域の人々からはなにかしら成果の還元が求められることがしばしばです。しかし、学生のプロジェクト学習の成果が、直ちに社会が求めるものと合致するわけではありません。ならば、どうすればいいのか？　答えは簡単です。学生の成果だけに期待するのではなく、市民や社会人もまた、自分ごととしてプロジェクト学習に取り組めばよいのです。その1つのやり方が、「ハイブリッドラーニング」と呼ばれる、学生と市民・社会人を混成した、すなわち学校教育と成人生涯教育を融合したプログラムです。

函館市内の高等教育機関の団体、キャンパス・コンソーシアム函館では、2009年から「はこだて科学寺子屋：科学技術コミュニケーション入門」（主管校：公立はこだて未来大学）という夏期集中講義を毎年開講しています[20][21]。この講義は、市内の高等教育機関の学生向けの単位互換プログラムであると同時に、市民向けの生涯学習講座でもあります。地域社会において科学技術への理解をどう深めていくかをテーマに、学生はそれぞれの大学での学びを生かし、市民は地域社会での経験知を生かしながら、共に学び合い、最終成果として「はこだて国際科学祭」で実際に展示・演示するプログラムをグループワークでまとめ上げることを目指したものです。

はこだて科学寺子屋は、地域の科学技術コミュニケーターを育成したいという関係者の思いから始められたものですが、初年度から予想以上の反響と効果がありました。受講者の中から自然発生的に科学祭のボランティアスタッフが現れ、翌年から彼らは科学寺子屋のリピーター受講者となると同時に、講師陣

図6.4　写真上　科学楽しみ隊自主ワークショップ風景／写真下　科学楽しみ隊主催運営の「サイエンスクイズラリー」（はこだて国際科学祭プログラム）実施風景

のティーチングアシスタント的な役割を果たすようになります。科学祭に向けた準備活動のワークショップを独自に開催するようになり、3年目からは「科学楽しみ隊」と称する任意団体を結成し、定例ミーティングや勉強会を重ねます（図6.4）。さらには、公共施設、商業施設、養護学校など各所からの要請に応えて、科学実験の出前セミナーなども請け負うようになります。

こうした発展を可能にした要因として、理工系出身や技術開発経験のある、いわば市民専門家がコアメンバーとして存在したこと、地域の子どもたちに科学を啓発したいという情熱を持つ人々が集まったこと、学生と市民・社会人との学習が相互の良い刺激になったことなどが挙げられます。また、大学教員も彼らを積極的に支援したことが、参加メンバーのモチベーションを高めたと考えられます。もっと面白い科学実験はできないか、地域の人たちにもっと科学技術に関心をもってもらうにはどうしたらいいのか、障がいのある子どもたちにはどう伝えたらいいのか……日々仲間と共に頭をひねり奮闘する彼らの活動は、まさにプロジェクト学習の社会応用例と言えるでしょう。

参考文献

[1] Lewin, K. (1946). Action Research and Minority Problems. *Journal of Social Issues*, 2, 34-46. p. 38. http://dx.doi.org/10.1111/j.1540-4560.1946.tb02295.x

[2] Argyris, C. and Schön, D. A. (1974). *Theory in Practice: Increasing Professional Effectiveness*. San Francisco: Jossey-Bass.

[3] Lewin, K. (1958). *Group Decision and Social Change*. New York: Holt, Rinehart and Winston. p. 201.

[4] Argyris, C. and Schön, D. A. (1991). Participatory Action Research and Action Science Compared: A Commentary (Chapter 6). In W. F. Whyte (Ed.), *Participatory Action Research* (pp. 85-96). Newbury Park, CA: Sage.

[5] ドナルド・ショーン（2001）.『専門家の知恵：反省的実践家は行為しながら考える』. 佐藤学・秋田喜代美訳，ゆみる出版／ドナルド・ショーン（2007）.『省察的実践とは何か：プロフェッショナルの行為と思考』. 柳沢昌一・三輪建二監訳，鳳書房.

[6] Argyris, C. (1991). Teaching smart people how to learn. *Harvard Business Review*,

May-June. https://hbr.org/1991/05/teaching-smart-people-how-to-learn
[7] Tinnaluck, Y. (2004). Modern Science and Native Knowledge: Collaborative Process That Opens New Perspective For PCST. *QUARK Number 32 april-june 2004* (Special proceedings of PCST2004; pp. 70-74). https://www.raco.cat/index.php/quark/article/viewFile/55038/63353
[8] 野中郁次郎（1996).『知識創造企業』. 東洋経済新報社.
[9] ジーン・レイヴ，エティエンヌ・ウェンガー（1993).『状況に埋め込まれた学習：正統的周辺参加』. 佐伯胖訳. 産業図書.
[10] エティエンヌ・ウェンガー（2002).『コミュニティ・オブ・プラクティス：ナレッジ社会の新たな知識形態の実践』. 野村恭彦監修・櫻井祐子訳，翔泳社.
[11] 山崎亮（2016).『コミュニティデザインの源流 イギリス篇』. 太田出版.
[12] http://www.kantei.go.jp/jp/singi/tiiki/toshisaisei/05suisin/hokkaido/04suisin/h15/09.html
[13] http://hakoreco.sakura.ne.jp/machinaka/content01.html
[14] http://hakoreco.sakura.ne.jp/machinaka/pdf/17_machinaka.pdf
[15] ハコダテ・スミカプロジェクト実行委員会編（2004).「ハコダテ・スミカプロジェクト～こだわりの暮らしと風景報告書（概要版)」. 同委員会発行.
[16] ポール・ラングラン（1989).『生涯教育入門』(第2部)（3版). 波多野完治訳，全日本社会教育連合会.
[17] https://www.u3a.org.uk/
[18] NPO法人大阪府高齢者大学校（編)（2017).『高齢者が動けば社会が変わる：NPO法人大阪府高齢者大学校の挑戦』. ミネルヴァ書房.
[19] https://osaka-koudai.or.jp/about/
[20] 中島秀之・田柳恵美子他（2012).「社会をデザインする大学：公立はこだて未来大学のしくみと環境」*Keio SFC journal* 12 (2), pp. 75-88. 慶應義塾大学湘南藤沢学会.
[21] http://www.sciencefestival.jp/school/course.html

あとがきにかえて

本書の最後に、現在私たちを取り巻く世界の課題から、プロジェクト学習の意義について考えてみたいと思います。

SDGs と Education 2030

現在私たちの生きている世界は、VUCA（Volatility, Uncertainty, Complexity, Ambiguity）すなわち、不安定で、不確実で、複雑で、あいまいさが急速に進み、予測困難な状況に直面しています。

そのような状況の中、2015 年国連本部で「我々の世界を変革する：持続可能な開発のための 2030 アジェンダ」が採択されました[1]。これは「持続不可能な」現状の世界を、持続可能な世界にするために、2030 年までに取り組む検討課題であり、そして行動計画です。持続可能な開発目標（SDGs）として、17 の目標と 169 のターゲットがあります。これらは発展途上の国だけの問題ではありません。先進国も、私たち自身も、取り組む必要のある国際目標です。

17 の目標とは以下のものです。

1. 貧困をなくそう
2. 飢餓をゼロに
3. すべての人に保健と福祉を
4. 質の高い教育をみんなに
5. ジェンダー平等を実現しよう
6. 安全な水とトイレを世界中に
7. エネルギーをみんなに、そしてクリーンに
8. 働きがいも経済成長も
9. 産業と技術革新の基盤をつくろう
10. 人や国の不平等をなくそう
11. 住み続けられるまちづくりを
12. つくる責任つかう責任
13. 気候変動に具体的な対策を
14. 海の豊かさを守ろう
15. 陸の豊かさも守ろう
16. 平和と公正をすべての人に
17. パートナーシップで目標を達成しよう

世界を変えるための 17 の目標

（出典：国際連合広報センター「2030 アジェンダ」）

経済協力開発機構（OECD）は、この教育に関する持続可能な開発目標の達成が、あらゆる国々にとって重要課題であるとして、2015 年から Education 2030 プロジェクトを進めています。2018 年 2 月、これまでの成果を簡潔にまとめた中間報告書「教育とスキルの未来」が発表されました[2]。

この中で、2018 年に学校に入学する子どもたちに求められることとして、資源は無限であるとか、資源は利用されるために存在するといった考えを捨てなければならないこと。それにかわって、全人類の繁栄や持続可能性、よい状態（well being：幸福感）に価値を置くことが求められること。そして、分断よりも協働、短期的な利益よりも持続可能性を大切にしつつ、責任を負うとともに権限も持つ必要があることが述べられています。

そこでは、これまでの教育目標をさらに広げ、従来の主要能力（key competencies）のカテゴリーに、変革を起こす能力（transformative competencies）のカテゴリーを追加しています。変革を起こす能力は三つの要素からなっています。

第一に、新しい価値を創造する力です。新しい製品やサービス、方法論、思考様式、新しい社会モデルなどを他者と協力して産み出していくこと。適応力、創造力、好奇心、受け入れる心などです。

第二に、緊張を和らげ、ジレンマを解消する力です。多様な考え方や利害を調停し、さまざまな競合する需要間のバランスをとること。関係性を考慮しながら、短期的な視点と長期的な視点を踏まえ、システム的な思考をするようになることです。

第三に、責任ある行動をとる力です。自らの行動の将来の帰結を考え、リスクと報酬を評価し、自分の仕事の成果物について責任をとること。自己調整、自己コントロール、自己効力感、責任感、問題解決、適応力などを含んでいます。

教育の役割としてここで強調されているのは、ただ働くための準備をするためだけではないことです。前向きで責任ある行動をとり、積極的に社会参画することができる市民になっていくためのスキルの育成です。また、これらの能力の育成は、予見-行動-省察（Anticipation-Action-Reflection）の連続した過程を通じて学習されるべきものであると述べています。これはまさに、プロジェクト学習で行ってきていることです。

知識とスキル、能力、そしてエージェンシー

前述の中間報告書では、知識とスキル、能力（competencies）のほかに、エージェンシー（agency）という言葉が頻繁に出てきます。さらにはagent、change agent、learner agency、student agency、teacher agencyも使われて

います。agent は社会学において、「行為主体」という訳語が当てられています。ある対象に対し、自ら進んで働きかけるという状態を意味します。change agent は、変化の担い手、触媒として変化を起こしていく人のことです。国際支援の活動などにおいては、外のコミュニティからやってきて、そこに変化を起こす人を指します。エージェンシーをあえて日本語に訳すなら、「行為主体性」、learner agency や student agency は、「学習者であること」「学習する主体」「学習の遂行者」という意味になります。

世界が大きく変化する中で、必要とされる力が知識とスキルから能力（competencies）へ、そして、エージェンシーに変遷してきます。

知識とスキルが重視されていた時代では、個人が知識やスキルを「所有し」「身につけている」ことが必要でした。しかし、コンピュータに代表される科学技術の発展とともに、世界は急速に変化し始め、必要とされる力も変化してきました。それは、認知スキルやメタスキルなどの能力（competencies）、すなわち、批判的思考や創造的思考、学習方略や自己調整の力などです。知識やスキルを持っていることや身につけていることが重要なのではなく、複雑な仕事を成し遂げたり、効果的に役割を果たしたり、特定の目的を達成できるようになる能力、すなわち、適切なときに適切な行動をとれる力が重視されるようになってきたのです。

そこに今回、エージェンシーとして、主体的に何かを行うこと、人生の中で選択を行い、積極的な役割を果たす力、自分から問題を見つけ、仕組みや知識を作り出していく、社会を変革し、未来を創造する、「作り出していく力」「行動に移していく力」になってきたのです。

エージェンシーは社会科学からきている概念です。認知科学や学習心理学ではこれまで個人を研究対象としてきました。認知科学も社会科学も、その研究の目的は、人間とは何か、それが作り出している社会とは何か、そのメカニズムを解明することです。しかし、そのアプローチの方法が異なります。社会科学では、社会における集合的な現象や集団を研究対象としています。集団の性質を明らかにすることで、個人の性質が見えてくるとします。一方、認知科学、学習心理学では、個人を研究対象としています。個人の性質を明らかにすることで、集団の現象も理解できると考えます。

この乖離した二つの分野の橋渡しをしたのが、本書の学習についての考え方の基礎理論としている、レイヴとウェンガーの「状況的学習論」であり、「正統的周辺参加論」です[3]。学習を個人的な営みとしてとらえていた従来の学習観から、実践共同体への参加の過程であるとする学習観への転換が、知識とスキル、能力、そしてエージェンシーと変遷してきたことに重なります。

教育に求められている役割

先の中間報告書では、学習過程のデザインとして、教員のエージェンシー、真正性、相互関連性、柔軟性、関与の重要性を指摘しています。

・教員のエージェンシー：カリキュラムを効果的に実施するために、専門的な知識やスキル、専門性を発揮できること。

・真正性：学習者が学習経験を実世界に関連づけてとらえられるようになりつつ、学習の目的意識を持つようになること。各学問領域の知識だけでなく、その領域を超えて学習したり共同的に学習すること。

・相互関連性：各教科のトピックや概念がその教科内のほかのトピックや概念、他の教科のトピックや概念とどう関係しているか、また、それらが実生活とどう関係しているかを認識する機会があること。

・柔軟性：カリキュラムの概念が、事前に決まっている静的なものから、状況に応じて変わりうる動的なものへと、変化すべきものであること。学校や教員は、日々変化する社会のニーズや学習者のニーズを反映するために、カリキュラムを更新したり、整合性をとれるようにすること。

・関与：教員や学生、その他関係する人々は、その実施において当事者意識を持つことができるよう、カリキュラムの策定の初期段階から関与していくこと。

この五つの重要性は、本書で述べてきたプロジェクト学習のデザインに符合します。未来大の開学計画策定のために私たちが初めて集められたのは、1996年6月のことでした。開学計画においては、20年先の未来を見据え、どのような世界になっているか、そのときどのような知識やスキル、態度を持った人が必要か、それらの力を効果的に育成していくには、どのような方法や内容、空間が必要かを議論してきました。その中心に取り入れようと考えたのが、このプロジェクト学習でした。さまざまな学習経験や機会をつなぎ、他の人と協働する過程を学習環境としてデザインしたのです。

知識やスキルだけでなく、実際に仕事の中で能力（competencies）を発揮し、エージェンシーを持って、人生の中で選択を行い、積極的な役割を果たしていく。人は成長していく過程において、家庭で、学校で、そして社会的な活動の中で、複数のアイデンティティが形成されていきます。幼少期から自己を調整しつつ、それが発達上の基盤となり、マインドセット、価値、そして、エージェンシーが創発してくる、という過程です。その過程において、時間の経過とともに複数の実践共同体にまたがっていたアイデンティティが、一人の人間のアイデンティティとして統合されていくのです。

学習を個人のものとせず、関係論的に考える、家庭や学校、社会の中で活動的に参加していく、その過程が学習であると考えていく方向にOECDの教育のフレームワークも変化しています。

教育に関わる者は、学習者の個性を認め育むだけでなく、学習に影響を与える、教員、仲間、家族、地域コミュニティとのより広い関係を意識する必要があります。学習者が目標を達成するために役立つ、相互作用的で相互支援的な関係である「共－主体性（co-agency）」が重要なのです。この文脈では、学生だけでなく、大学の教職員、地域コミュニティの人々、誰もが学習者であると考えるのです。

マインドセットを変える

私たちはさまざまな制約の中で生きています。人にはできることと、できないことがあります。そのとき、できないことを見つけて嘆くのではなく、できることを見つけて、楽しみながらやっていくことが重要です。一人でできることもありますが、チームになるとできることの可能性が広がります。

自分の大学や職場は小さいし、地方だし、予算が無いしと思うこともあるでしょう。しかし、小さいからできること、地方だからできることがあります。制約があるから考える、工夫しようと思うのです。協力者がたくさんいて、予算も潤沢にあったとしたら、何をしていいのか、かえってわからなくなってしまうかもしれません。知恵も出てこないかもしれませんし、仲間意識も出てこないかもしれません。ですから、できないことを見つけて嘆くのではなく、できることを見つけて楽しんで学習環境をデザインしていきましょう。

私たちがプロジェクト学習を実践してくる中で身につけてきたのは、FUNマインドです。未来大のドメイン名はfun.ac.jpです。学ぶことはそもそも楽しいことだという意味が込められています。「オープンスペース、オープンマインド」という、大学全体のモットーがあります。スペースをオープンにすると心もオープンになる、ということです。プロジェクト学習は、教職員の心をオープンにする力を持っています。

必要なのは、「それおもしろい」と感じ、「やってみよう」と行動に移す力なのです。そこには信頼関係と巻き込み力が必要です。

持続可能になる仕組みを作る

学習環境をデザインし、そこに実践共同体ができたあと、それが変革（イノベーション）を生み出しつつ、持続していくためには、リーダーシップ機能、すなわち学習環境デザイナーである教員の存在が不可欠です。このデザイナーは、実践共同体内で活動し、環境を改善していくだけにとどまりません。異なる実践共同体の橋渡しも重要な役割です。ここで言う学習環境デザイナーは、一人ではなくチームです。チームで行うことに意味があることは、本書の中で繰り返し述べてきました。

これまで大学教育においては、学生だけを学習者と考えてきました。プロジェクト学習では、そこに関わる教職員、企業や市民活動における人々も学習者であると考えます。大学で、職場で、地域で、企画し行う活動が、自分にとっても、相手にとっても、社会にとっても良いことになる。学生にとっても、教職員にとっても、地域社会にとっても良いことになる。持続可能になる仕組みを作るためには、三方よしの発想が鍵となります。

プロジェクト学習が目指す持続可能な学習環境のデザインは、教室を越え、組織を越え、社会の変革の実践へとつながっていくものです。一人で頑張っても燃え尽きる。自分がやりたいこと、やらなければならないことの仕組みを、周りを巻き込みながら作っていく。それが自分のバージョンアップにもつながります。

近年、プロジェクト学習という手法は、幅広い年齢層で注目されています。課題を見つけ、その答えを作っていくことを通して学ぶ、課題解決型の学習です。関係する領域の知識やスキルだけでなく、論理的思考や分析的思考、チームワークなども学ぶことになります。そこで重要なのは、最終的にその経験を他に応用できるようになることです。身近な問題から世界に目を向けること、そして世界が直面している問題に当事者意識をもって考え、行動できるようになることを目指していきましょう。

参加と協働の実践。これは究極の大人のアクティブ・ラーニングです。「プロジェクト学習」をデザインし、未来を創っていきましょう。

参考文献

[1] 外務省（2015）．我々の世界を変革する：持続可能な開発のための 2030 アジェンダ（仮訳）．国際連合広報センター，東京．

[2] OECD (2018). The future of education and skills Education 2030. OECD, Paris, France. https://www.oecd.org/education/2030/E2030%20Position%20Paper%20(05.04.2018). pdf

[3] Lave, J., & Wenger, E. (1991). *Situated Learning: Legitimate Peripheral Participation (Learning in Doing: Social, Cognitive and Computational Perspectives)*, Cambridge. (佐伯胖訳（1993）．『状況に埋め込まれた学習―正統的周辺参加』．産業図書，東京

事項索引

人名・団体名索引

著者略歴・執筆分担

美馬のゆり （みま のゆり） はじめに、1章、4章、5章、あとがきにかえて

公立はこだて未来大学情報アーキテクチャ学科教授。電気通信大学大学院情報システム学研究科修了、博士（学術）。公立はこだて未来大学および日本科学未来館の設立計画策定に携わる。設立後は、大学では教授、科学館では副館長（2003-2006）を務める。NHK 経営委員、中央教育審議会委員、科学技術・学術審議会委員などを歴任。認知科学、教育学、情報学の観点から、子どもから大人までを対象に、学習環境デザイン研究を行っている。

冨永敦子 （とみなが あつこ） 2章、3章

公立はこだて未来大学メタ学習センター教授。早稲田大学大学院人間科学研究科修了、博士（人間科学）。日本電気ソフトウエア（現 NEC ソリューションイノベータ）、フリーランスのテクニカルライター、早稲田大学オープン教育センター助手、早稲田大学人間科学学術院助教を経て、2014 年公立はこだて未来大学に着任。専門は教育工学。おもな研究テーマは、インストラクショナル・デザインをベースにした授業設計、学習支援とその効果検証。

田柳恵美子 （たやなぎ えみこ） 6章

公立はこだて未来大学社会連携センター教授。北陸先端科学技術大学院大学知識科学研究科修了、博士（知識科学）。科学技術系の研究広報や研究評価等の企画コンサルティングに携わった後、2008 年より公立はこだて未来大学特任准教授、特任教授を経て、2012 年より教授。2014 年より社会連携センター長を兼務。知識社会学、情報社会論、地域イノベーション論などを専門とし、研究と社会的実践を両輪とする活動を目指している。

未来を創る「プロジェクト学習」のデザイン

2018年9月30日 初版第1刷発行

編著者 美馬のゆり

発行者 片桐恭弘

発行所 公立はこだて未来大学出版会
〒041-8655 北海道函館市亀田中野町116番地2
電話 0138-34-6448 FAX 0138-34-6470
http://www.fun.ac.jp/

発売所 株式会社近代科学社
〒162-0843 東京都新宿区市谷田町2丁目7番地15
電話 03-3260-6161（代） 振替 00160-5-7625
http://www.kindaikagaku.co.jp/

万一，乱丁や落丁がございましたら，近代科学社までご連絡ください．

ISBN978-4-7649-5555-4 大日本法令印刷

定価はカバーに表示してあります．

Memo

Memo